The order to read books

「最《さい》初《しょ》の1冊《さつ》」から
「仕《し》上《あ》げの1冊《さつ》」まで

本《ほん》には読《よ》む順《じゅん》番《ばん》がある

齋《さい》藤《とう》 孝《たかし》
Saito Takashi

CROSSMEDIA PUBLISHING

はじめに

物事にはすべて順番があります。

何かを学ぶにしても、仕事をするにも、順番が大事です。

たとえば勉強であれば、算数で足し算や掛け算を学んで完全にマスターしてから方程式を学ぶでしょう。

どんなに天才と呼ばれる子どもであっても、足し算・掛け算ができない子どもに方程式を解けと言っても無理な話です。


営業の仕事なら、まずは雑用的な簡単な仕事をこなしながら、得意先の人とのつき合い方を学び、だんだんと自分で顧客を開拓し、売り上げをあげることができるようになります。そして、次第に組織をまとめ、管理職となる。

どんなに大学の成績が優秀な新人でも、いきなり課長や部長の仕事をできるわけがありません。

物事にはすべて順番があり、誰もがそれを知って実際にそのように行っています。

ところが、こと読書に関しては、なぜかこの真理が忘れられがちです。


読書にもほかのすべてのことと同じく、しかるべき順序、順番があります。

最初に読むべき本、少し慣れてきたら読んでみる本、基礎がしっかりできて余裕ができた上で、最終的に読むべき本……。

ところがこのことを理解せず、最初に誤った1冊を手にしてしまったために、理解できずに挫折してしまう人が少なくありません。あるいは、どんどんおかしな方向に読書を進めてしまう。


順番とは、言い換えると一種の「型」のようなものとも言えます。スポーツや武道では「型」が重視されます。良い選手、一流の選手ほど基礎がしっかりとしていて、「型」を身につけています。

読書も同じように「型」があります。たくさんの本を読破し、しかもそれらの知識がしっかりと身についている人は、例外なく読書の「型」を身につけています。

本書はその型として「3ステップ読書術」を解説するものです。初心者の読むべき本、中級者の読むべき本、そして上級者が挑戦すべき本の3段階に分け、順を追って本を理解しようというものです。

思想哲学や宗教、歴史や科学の分野の読書、あるいはニーチェやドストエフスキーなど各著者の読書を進める上で、たくさんある本のなかからどう選び、どんな順番で読めばいいか？

本書を読んでいただき、皆さんの読書力の向上に少しでも参考になり、役に立つことができれば幸甚です。

齋藤　孝

本には読む順番がある　もくじ

はじめに　002

第1章　なぜ、「読む順番」が大切なのか？

「読む順番」を間違えていませんか　016
音楽や絵画は順不同でいい　018
本は知能指数で読むものではない　021
筋トレのように次第に重くしていく　023

古典はまず『論語』から読む　026
早いうちに〝知的免疫〟をつける　028
頭の中に〝知性の地図〟を描く　031
小説は少し読み方が違う　033
クライマックスシーンで本を選ぶ　035
どんな本を選び、どの順番で読むか　037

第2章 最初の1冊をどう選ぶか？

新書を読書の入り口にする　040
1時間で新書3冊の要旨をつかむ　042

ケインズとハイエクの違いとは？ 045
横断的な知性を身につける 048
詳しい人に聞くのが一番早い 050
レビューを参考にして本を選ぶ 053
3タイプのうちどれかを見極める 056
超難解な『存在と時間』の読み方 059
訳者で本を選ぶ楽しさ 062
「新訳」ならカントも理解できる 064
チャンドラーを村上春樹で読む 067
訳者が変わると不安になる 069
短編から読み始めるとうまくいく 071
ベストセラーはいつ読むべきか？ 073
本との出合いは一期一会 076
思い切って全集を買ってみる 079

第3章

「哲学」から「歴史」、「科学」まで【ジャンル別】本物の教養が身につく3ステップ読書術

6つのジャンルを3ステップで読む効果 082

思想・哲学ジャンル

難解で長大な作品が多いので、やさしいものから読み始めたい 084

ステップ1 ［最初の1冊］哲学の世界の概略と全体像をつかむ 085

ステップ2 ［次の1冊］哲学の真理に近づける本を選ぶ 089

ステップ3 ［仕上げの1冊］学者の原典で哲学の真髄に触れる 092

科学・宇宙ジャンル
まずは通俗本で基礎を固めてからエッセイや教科書で知識を深化させる 097
ステップ1［最初の1冊］図鑑や入門書で全体像をつかむ 099
ステップ2［次の1冊］ファインマンのエッセイが読みやすい 103
ステップ3［仕上げの1冊］アメリカの大学の教科書で学ぶ 107

数学ジャンル
数学という知の世界を段階的に体験していく読書の醍醐味 113
ステップ1［最初の1冊］まずは文系でも理解できる入門書から 114
ステップ2［次の1冊］「最終定理」に向き合う数学者たちのドラマ 117
ステップ3［仕上げの1冊］日本人数学者の世紀の大発見に興奮する 123

宗教ジャンル
私たちはどう生きるべきか。宗教を正しく知ることで真理に近づく 129
ステップ1［最初の1冊］世界の宗教の知識を1冊でつかむ 130

ステップ2［次の1冊］ブッダや空海の生の声を聞ける本 132
ステップ3［仕上げの1冊］世界的な権威、エリアーデの著作で締める 143

歴史ジャンル

歴史は人間を知る最良の教科書。全体から部分へ深めていく 147
ステップ1［最初の1冊］高校の教科書や図録でもう一度学ぶ 148
ステップ2［次の1冊］断片的な知識ではなく流れでとらえる 150
ステップ3［仕上げの1冊］人類の起源、進化を巨編で読む 153

文学ジャンル

文学史、文学の系譜を頭に入れてから個別の作品に進む 159
ステップ1［最初の1冊］まずは漫画や入門書で全体像を把握 161
ステップ2［次の1冊］文豪の人となりを知ることで興味が増す 163
ステップ3［仕上げの1冊］世界の文学者を総まとめ 165

第4章

ニーチェから夏目漱石、太宰治まで【作家別】本の理解力が上がる3ステップ読書術

作家の著作にも読むべき順番がある　168

ニーチェ

ニーチェの過激さ、凄みは、この順番で読まなければ理解できない　170

ステップ1〔最初の1冊〕「神は死んだ」と言った意味を知る　171

ステップ2〔次の1冊〕ニーチェの野心と誠実さを知る　174

ステップ3〔仕上げの1冊〕『ツァラトゥストラ』で真髄にシビレる　176

プラトン
ソクラテスとプラトン。二大哲学者の固い絆と思考がわかる3ステップ 181
ステップ1［最初の1冊］師の最期を描いた『ソクラテスの弁明』から 182
ステップ2［次の1冊］『饗宴』でソクラテスの会話を堪能する 187
ステップ3［仕上げの1冊］『国家』で師・ソクラテスの理想を代弁 189
ドストエフスキー
人間の暗部をえぐり出す手法と姿勢、理解できないのはもったいない 192
ステップ1［最初の1冊］処女作『貧しき人々』に込めた思いを知る 193
ステップ2［次の1冊］『地下室の手記』で病的な自己愛を描く 197
ステップ3［仕上げの1冊］小説の最高峰『カラマーゾフの兄弟』へ 201
ハイデガー
超難解な哲学者の思想を段階を追って読み解いていく 207
ステップ1［最初の1冊］『誰にもわかるハイデガー』はわかりやすい 208

ステップ2［次の1冊］ハイデガーの思想の変遷がわかる解説書 210
ステップ3［仕上げの1冊］解説書からハイデガーの自著へ 211

夏目漱石

わずか10年ほどの間に傑作を書きつづけた漱石の正しい読み順 213
ステップ1［最初の1冊］遅咲きのデビュー作『吾輩は猫である』から 214
ステップ2［次の1冊］前期3部作で近代自我の問題に向き合う 217
ステップ3［仕上げの1冊］漱石が三角関係を書きつづけた理由とは？ 220

太宰 治

明るく、気品に満ちた作品から読み、暗くて重い作品は後で読む 224
ステップ1［最初の1冊］ヒューマニズムあふれる傑作から始める 225
ステップ2［次の1冊］一転して、暗くて重い太宰作品へ 230
ステップ3［仕上げの1冊］晩年の傑作長編で人間・太宰に迫る 232

第5章 読む順番と同じくらい大切なこと

アウトプットすることを前提に読む 239
要約力と引用力の二つが大切 241
声に出しながら読むと覚えやすい 245
1年間で100冊読めますか？ 248
漱石のように本に直接書き込む 250
本を1冊の人格として扱う 252

第1章

なぜ、「読む順番」が大切なのか？

「読む順番」を間違えていませんか

本を読んでも、なかなか頭に入らない……。残念ながら、そこで読書をストップしてしまう人が少なくありません。

あるいは、けっこう本を読んでいるつもりなのに、なかなか体系的に知識を積み重ねられないという人もいるようです。

多くの場合、「正しい本を選んでいない」ということが原因です。

本には、読む順番があります。

その順番を間違えて読んでいる人が多いのです。

ちょっと前ですが、近くの古本屋でマルクスの『資本論』全巻セットがたった500円で売っていました。

かつては一世を風靡したマルクスの『資本論』があまりにも不憫に思えて、思わず買ってしまいました。

たしかに世界を大きく変えた本に違いない。ですが、とても難解です。

いきなりマルクスの『資本論』を読んでも、理解できる人はほとんどいないでしょう。「剰余価値」とか「価値」と「労働価値」の違いだとか、「労働力の商品化」なんて言葉もハッキリと内容がつかみづらい。

「何を理屈っぽくこねくり回しているの?」とイライラが増して、第1章を読み終わらないうちに投げ出してしまうでしょう。


でも、これが『資本論』の入門書や、新書などの解説本を数冊読んだ後に読むと、「剰余価値」って、賃金以上に労働者が働かされている分なんだとか、「労働力の商品化」って、要は経営者が従業員の労働力をお金で買っていることなんだと理解できるわけです。

そして資本論がどんな内容であるか、何を目指して書かれているか、大きな方向性、ベクトルがわかる。

いきなり暗闇に立たせられたら、誰でもどちらに向かって進んでいけばいいか迷います。

おおよその出口だけでもいい、最初に示してもらえたら、とりあえずは進むことができます。

とくに難解な本は暗闇と同じです。

いきなり飛び込んでもポイントもわからず、読み進め方もわかりません。

まずは入門書などで用語の意味だとか、本の主旨、大まかな構成などを知っておく。一筋の明かりがあれば、それを目指して進んでいけるのです。

音楽や絵画は順不同でいい

たとえば音楽なら、いきなり聞いても、いい曲だとか、好きな曲だと感じることができます。

絵画でも同じでしょう。たとえ予備知識がなくても、いい絵を見たら感動します。ルーブル美術館に行って「モナ・リザ」を見たら、やはりその圧倒的な存在感と緻密なタッチに驚くはずです。

人間が感覚的に捉えることができるものは、一瞬で判断ができます。

ところが、本はそうではありません。

小説や詩集など創作によるものは音楽や絵画に近い感覚で読めますが、思想哲学、歴史のような学際的、教養的な本に関しては、名著だからと言ってすぐにその良さがわかるというものではない。

先ほどの『資本論』は極端な例かもしれませんが、良書、名著と呼ばれるものほどわかりづらい、とっつきにくいのが本の特性なのです。

言語によって表現されているという宿命でもあります。その意味でいろんなハードルがあるのです。

最近、マキャベリの『君主論』がビジネスに役立つということで見直されています。ですが、いきなり読んでもすっきりと腑に落ちる人は少ないでしょう。

一つにはあまりに時代背景が違うということ。マキャベリはこの本を、当時のイタリア・フィレンツェの富豪であるメディチ家の当主ロレンツォ2世にプレゼントしたんですね。

当時、ロレンツォ2世は僭主《せんしゅ》としてフィレンツェの次の時代を担う人物とされていました。僭主とは、本来の皇統や王統ではないのですが、実力で王座を勝ち取ったものを指します。

生き馬の目を抜くような世界を生き、今後実力で支配を行うことが運命づけられている。そんなロレンツォに採用されるのを狙って、マキャベリはこの本を書き、僭主となったタイミングで献上しています。

さすがマキャベリという感じですが、そんな時代背景と事情を考慮しないと、すっきり理解できない部分があるでしょう。

もう一つは訳文です。どんなに訳が上手であっても、もともと違う言語を翻訳するわけですから、細かなニュアンスは伝わりにくい。訳文の文体も、本来の日本語の文章では不自然になりがちです。

こういったいくつかのハードルが本には付きまとっているのです。音楽や絵画などの感性的、感覚的要素が重んじられるものは、言語を越えて理解されますが、本は違います。

言語というものが持っている宿命のようなものでしょう。

本は知能指数で読むものではない

本を読んでも内容がわからないと、自分の能力のなさだと自信を失ってしまう人がいます。「自分には読んでも理解できない」と諦め、自己卑下してしまう。ですが、私から言わせるとそれは間違いです。

本は頭がいいから理解できるというものではありません。

私がまだ学生だった頃、浅田彰さんの『構造と力』という哲学書が一世を風靡しました。ポスト構造主義という現代思想を解説した、もうキレキレに頭がいい若手の学者が書いたと言われた本。当然、読みやすいはずがありません。

当時、ある人が「私は知能指数が高いのに、本の内容が全然わからない！」と言っていました。

とかく頭がいいと言われる人は見栄を張るものですが、この人はとても正直な人だったのでしょう。

知能指数というのは、頭の回転数のようなものです。正解を導くスピードを競うもの。仮にその能力が高くても、難解な本をすぐ読めるというわけではないんですね。

難しい本は予備知識がないとわかりません。頭の良さで読むのではないということを、そのとき実感しました。

やはりある種の難解な本は、予備知識、蓄積が必要なのです。少しずつ知識を蓄えていって、それを基礎にしてようやくわかります。

『構造と力』は専門の哲学論文と比べると、まだ読みやすい部類だったでしょう。

それでも、ポストニューアカデミズムと呼ばれた当時の思想界の流れを知り、基本的な哲学用語や、その言葉を使う文脈を知らなければ、とてもとても歯が立つようなシロモノではありません。

筋トレのように次第に重くしていく

筋トレでたとえたらわかりやすいでしょうか。いきなりベンチプレスで100kgに挑戦する人はまずいないでしょう。30kg、40kgと体を慣らし、筋力をつけていきながら、次第に増やしていきます。

本の場合は、難易度が数値化されているわけではありません。

これは50kg相当の負荷がかかるとしたら、こちらは100kgかかりますよ。ヘーゲルの『精神現象学』は250kgもあるので、いきなりやると骨が折れてしまいます。といった基準があればいいのですが……。

ものすごく読みやすい娯楽小説のようなものも本なら、カントやヘーゲルのような難解難渋なのも同じ本です。そして、同じように本屋で並んでいます。

もちろん世のなかには、天才的な人物がごく少数ですがいるわけです。先ほどの筋トレでたとえれば、生まれつき筋力が恐ろしく強く発達している人もいれば、生まれた場所がトレーニングジムのような人も、なかにはいるのです。

先日、友達のなかでもとくに知識教養溢れる人たちと会う機会があったのですが、そのなかの一人が「東大に進学しようと思ったのは、高校生のときに見田宗介先生の本を読んで〝面白い〟と思ったからだ」と言うのを聞いて愕然としました。

見田宗介先生は私が大学の教養課程のときに、社会学の授業で習った先生です。その授業は『現代社会の存立構造』という先生の著書を教科書にしながら進めるもので、それはわかりやすく、本質を突いた素晴らしいものでした。

『現代社会の存立構造』は難しい本でしたが、社会の構造がよくわかるし、先生の肉声がそのまま言葉になった感じで、一つひとつ腑に落ちる。

さすが東大だなと思っていたら、なんとその友人は高校時代にすでに読んでいて、見田先生が目的で大学に入ったというのですから参りました。

私も読書はしてきた方ですが、高校時代は夏目漱石だとか太宰治だとか文学系の定番ばかり。彼から比べたら〝奥手〟です。

世のなかにはそんな〝知性の高速道路〟に早くから乗って走っていた人もいるわけです。でもごく少数、例外中の例外でしょう。

私も含めて大多数の人たちは、ある程度の年になってようやく読書の基礎ができ、そこから次第に高速道路に入っていく。

焦っていきなり高速に飛び乗っても、流れについて行けず、そそくさと次のインターで一般道に降りてしまうことになるのがオチでしょう。

古典はまず『論語』から読む

私は大学でずっと学生を教えているのですが、入試の勉強に追われていたせいか、ほとんどの学生が本を読み慣れていません。私はまず、彼らに読書の習慣をつけてもらうことから始めます。

いきなり専門的な難しい本を読ませることはしません。方法は二つです。

一つはわかりやすい概説書から読ませること。もう一つは古典のなかでも比較的読みやすい、理解しやすいものから入ることです。

この二つを同時に並行してやることで、「私にも読めるんだ」とか、「読書は楽しい」という実感と自信を持ってもらう。

すると次第に加速度がついていき、読書が習慣になると同時に、その面白さがわかるようになるのです。

古典として読みやすいものに『論語』があります。『論語』は古典中の古典です。そして私たち東洋人にとっては思考や行動の基本、原点でもあります。

文学を学ぶ人たち、日本の文化を学ぶ人にとって、『論語』はしっかり読んでおくべき古典の一つでしょう。

『論語』はもともと漢文ですが、基本、書き下し文です。現代語訳や解説、注釈などもついているので理解はできます。それこそ古典中の古典だけあって、これまでたくさんの研究がなされ、蓄積されてきたものがあります。

多くの人の目に触れ、解釈も長い歴史を通じてブラッシュアップされてきただけに、安心感と安定感があります。

しかも、一つひとつの話は短い。孔子の言葉やエピソードが羅列してあり、大学生でも、量をこなす気があれば読み切ることはできます。難しい理論や哲学、思想が語られているわけではありません。

この『論語』を、読書体験の重要な最初のステップにすることには、大きな意味と理由があります。

「古典中の古典、論語を読み切ったぞ」という満足感と充実感。この成功体験が大事なんですね。

早いうちに〝知的免疫〟をつける

また、授業では『論語』と一緒に、『論語物語』（下村湖人／著 講談社学術文庫）を読んだりします。論語のバラバラのエピソードが一つの物語として語られているので、読みやすく理解しやすいからです。

聖書にも、パール・バックによる『パール・バック 聖書物語』（現代教養文庫）があります。

また、シェイクスピアには、チャールズ・ラム、メアリー・ラムのラム姉弟による、『シェイクスピア物語』のようなものがあります。

このように一つの物語にしてあると、全体が理解しやすいのです。古典のなかには、『旧約聖書』のように、ことさら難しくはなくとも、長大で、エピソードがバラバラしていて、現代人にとって読み切るのが大変なものが少なからずあります。決してつまらないというわけではないのですが、現代人のスピード感やリズム感には合わないものがたくさんあるのです。

やさしく物語化した本を補助輪にして、古典を読み切ることで、私たちは新たな視点や価値観を得ることができます。古典のまどろっこしさを緩和する意味で、このような物語形式にまとめられた本が、大いに役に立ちます。

そういう意味では子どもの頃、少年少女向けに聖書をわかりやすく解説した本がたくさんありましたね。

文学でも『少年少女世界文学全集』のようなものがあったでしょう。あるいは絵本で簡略化したものもあります。

子どもの頃に、まずは簡単なものに触れ、大まかでもあらすじや概略を知っているということが大事です。すると、後になって原本を読むときなどにとても役に立ちます。

一種の〝知的免疫〟のようなものと言ってもいいかもしれません。

聖書も、このようなわかりやすい本から入って、田川建三さんの『はじめて読む聖書』（新潮新書）のような入門書を読み、そこから同じく田川さんの『イエスという男』（三一書房）、『書物としての新約聖書』（勁草書房）へとグレードアップしていくというのもよいでしょう。

また、最近は図解ものがたくさん出ています。ナツメ社のシリーズ本の一つで、挽地《ひきち》茂男さんの『キリスト教（図解雑学）』もさらに理解をしやすくするためにはよいでしょう。ほかの社からもこのような図解本がいくつか出ていますので、自分に合った本を選んでみるといいと思います。

こうして、簡単で理解しやすい本から読み始めます。手順さえ大きく間違えなければ、聖書や論語といった大きな〝山〟もいずれ登ることができるのです。

かくいう私自身、ガイドブック的なものをたくさん読みました。

たとえば中公新書の『日本の名著』とか『世界の名著』などが代表的でしょう。後者は新書ではもう絶版になっていると思います。

『日本の名著』は、近代以降の日本の思想書の名著50冊を解説しています。この本自体でそれらの名著の内容を詳しく知ることはできませんが、全体を知る上でとても参考になりました。

著者の桑原武夫さんは戦後日本のフランス文学の第一人者ですが、岩波新書から『文学入門』という本も出しています。

頭の中に〝知性の地図〟を描く

これらのガイド本を最初に読むことで、頭の中に〝知性の地図〟を描くことが大事です。どんな時代にどんな人物が、どのような本を書いていたのか。思想や文学の流れのなかでどんな位置にあったのか――。

全体がわかる地図があれば、迷うこともありません。「この人の本をこれだけ読んだら、次はじゃあこの人の本を読もう」。興味のつながりのなかで読書が広がり、同時に知性の視野と地平も広がっていくのです。

どこにどんな道があるかわからず進むのと、大まかでも道がどのように走っていて、つながっているかがわかっているのとでは、進むスピードには雲泥の差が出てくるでしょう。

思想哲学書に関してはとくにそうです。ガイド本で見開き2ページから4ページでまとめられた要約を読んでから、個別の本に当たる。すると、理解の内容もスピードも格段に違います。

幸い、このような入門書、ガイド本がたくさん出ています。

昔ながらのもので言うならば、先ほどの中公新書をはじめ、岩波新書、講談社現代新書、ちくま新書などから出ています。

単行本でも各テーマで出ていますし、最近では漫画になっていて、より読みやすくまとめられているものも出ています。

自分に合ったものを大いに活用してほしいと思います。

小説は少し読み方が違う

これに対して、小説に関しては少し読み方が違います。

要約を読んでしまうと内容がわかってしまい、せっかくの面白さが半減してしまうということがあります。

要約本も場合によっては有効ですが、小説に関しては一長一短あると考えています。まったく知らないと興味も湧かないのですが、かといって結末まで知らされてしまうと興味を失ってしまいます。

何と言っても、最後の結末を楽しみに読み進めるのが、小説の醍醐味ですから。

小説に関する良い要約や解説というのは、興味を上手に持たせながら、その先どうなるの？　結末は？　と思わせるものです。

以前、ドストエフスキーの『白痴』を読んだとき、カバーの後ろの方にちょっとしたあらすじが書いてありました。

すると、そこにある重要な人物が死んでしまうということが書かれていて、「エーッ」という気持ちになりました。そこまで書くか！　と。ちょっと気持ちが折れそうになりましたが、何とか読了しました。

ですから、小説の良い解説書は、その本のエッセンスや面白さの本質を解説しながら、ストーリー展開に関しては多くを触れないこと。もし書くとしたら、事前に断り書きを入れておくべきでしょう。

読者のレビューでも「ここから先はネタバレになる可能性があるので、読みたくない人はとばしてください」などという断り書きがあったりしますね。そのような配慮が欲しいものです。

クライマックスシーンで本を選ぶ

ちょっと話が逸れますが、私は文学に関してはストーリーを解説するより、クライマックスシーンを抜粋して紹介する方が良いと考えています。

名作のクライマックスというのは、最後のシーンとは限りません。ドストエフスキーの『カラマーゾフの兄弟』のような長編であれば、ところどころにクライマックスと呼べるシーンが出てきます。

たとえば主人公のアリョーシャが唯一尊敬し、崇拝していたゾシマ長老が亡くなり、絶望のなか一人、夜中の僧院を出たときに見た満点の星空。アリョーシャはそのとき、天からの啓示を受け、卒倒するように大地にひれ伏し、号泣します。

また、カラマーゾフ兄弟の長男ドミートリーに居酒屋で侮辱されたスネギリョフ二等大尉。その息子イリューシャはカラマーゾフ兄弟を憎み、仇としていました。

そのイリューシャは負けん気の強さから仲間内で孤立し、いじめを受けています。その現場にたまたま居合わせたアリョーシャはいじめのリーダー格であるコーリャとイリューシャの間に立ちます。

最初はカラマーゾフ兄弟の三男であるアリョーシャを毛嫌いしていたイリューシャですが、アリョーシャの優しさに触れて憎しみは消えていきます。

それこそネタバレになるので詳しく書きませんが、最後にいじめていた側のコーリャたちは、ある出来事に直面し、それまでの自分たちの行いを反省します。人間の最も大切なもの、心のありかたに気づき、皆が涙を流します。

アリョーシャと子どもたちの、この最後のシーンは、文学史上でも最も感動的で美しい、宝石のような、奇跡のような場面の一つでしょう。

私自身も『クライマックス名作案内』(亜紀書房)という本を書きましたが、文学のクライマックスシーンは、それぞれの作家の渾身のものであり、私たちの心を強く揺さぶります。そのシーンの一部を知るだけでも、読んでみたいという気持ちを強く引き起こしてくれるはずです。

どんな本を選び、どの順番で読むか

小説というのは、読むこと自体が楽しみです。決して知識や情報を得るのが目的ではありません。

読んでいる間が、一種の夢を見ているような時間。夜寝ている間だけではなくて、私たちは小説を読むことで、起きている間も夢を見ることができるのです。

夢のなかをたゆたう心地よさ。『ドン・キホーテ』という小説もまさにそんな物語です。主人公のドン・キホーテとサンチョ・パンサの長い長い旅の話です。

旅の間にドン・キホーテはさまざまな勘違いをします。サンチョ・パンサがそれを注意し、諫めるのですが、ときに一緒になって勘違いをする。二人のトンチンカンな珍道中が楽しくて、つい引き込まれてしまいます。

最後の方になってくると、物語が終わってしまうのが惜しい気持ちになってきます。ああ、この旅も終わってしまうんだな。もう少し夢がつづけばいいのに……。

それまで読んだいろんなシーンが、まるで本当に自分が体験したことのように映像としてよみがえります。

私は、小説はわざとゆっくり読みます。終わってほしくないから、わざとゆっくりと読むのです。何事も急かされて、スピードこそ命のような現代社会で、こんな時間を味わえるのも小説のだいご味でしょう。

話を戻しますが、とくに思想哲学、歴史など教養本に関しては、読む順番を意識し、ふさわしいものを選ぶ必要があります。

そこを間違えてしまうとおかしな場所に迷い込み、袋小路に突き当たってしまいます。読書って面倒だとか、ならばネットで情報だけ拾っていけばいいや、という残念な結果になりがちです。

実り豊かな読書を楽しむために、どんな本を選び、どんな順番で読むべきか？　以降の章で具体的にお話ししたいと思います。

第 2 章

最初の1冊をどう選ぶか？

新書を読書の入り口にする

前の章でも触れたように、最初に読む1冊目に何を選ぶかが大事です。ここを間違えてしまい、結局、本の内容を理解できずに途中で挫折してしまう人が少なくありません。

そこで、最初の入り口としてお勧めしているのが新書です。前述したように、新書には入門書的なものがたくさんあります。

実際、大学1年生が多い授業では、新書を読む練習から始めています。

そもそも新書は、専門的な分野の知識を、一般の人にもわかりやすく解説することを目的にしています。ですから、読書慣れしていない人でも読みやすいのです。

私が若い頃から比べると、新書の読者対象も随分変わってきたように思います。中学生の頃、課題図書として出されたものの一つが『自由と規律　イギリスの学校生活』（池田潔

／著　岩波新書）という新書でした。

1920年代、著者の池田氏はイギリスの上流階級が学ぶといわれるパブリック・スクールに留学します。

そこでの生活を通して、自由という概念と、その裏腹にある規律の重要性を学びます。社会における自由と義務の関係を説いた名著でした。

しかし、本離れ、活字離れが取りざたされる昨今、さすがに中学生の課題図書でこうした新書を選ぶことは少ないでしょう。いまや高校生でもほとんど新書を読まずに、大学生となっている人が多いのです。

もっとも、その状況を嘆いてばかりいても始まりません。まずは本を読むことに慣れることが先決です。私は大学1年生に、とにかく読みやすい新書をたくさん読むことを勧めています。

いまの新書は、おそらく30代から40代くらいの社会人を想定しているのではないでしょうか？　大学1年生にとって新書はもしかすると、難しいと感じるくらいかもしれません。

とはいえ基本的に、新書は専門知識がない人でも読めるように作られているのです。

まず知識と教養の土台を作るということで、新書を読むことから始めることをお勧めします。

1時間で新書3冊の要旨をつかむ

私も新書をたくさん読みます。書店に入ってパパっと3冊ほど、興味のあるものを購入し、その足で行きつけのカフェに向かいます。300円くらいのコーヒーを頼んで、1時間で3冊を頭に入れます。

1冊15分から20分。3色ボールペンでチェックしながら、ざっと読みます。1日で3冊の新書が頭に入ったとなると、それだけで有意義で充実した1日になるわけです。

1日で3冊、しかも1時間で読むとなると、ハードルが高いと思うかもしれませんが、これも訓練で誰もができるようになります。

大学の授業では、1冊5分で要旨をつかむ訓練をしています。はじめから最後まで読むのではなく、とびとびに読みます。いわば「要点把握読み」です。

まず、自分の好きな新書、読んだ新書を1冊持ってきてもらいます。二人一組になって新書を交換して、相手が持ってきた本をその場で5分で読み、その内容をお互いに相手に解説するのです。

聞く方はすでに読んでいる本ですから、相手が正確に内容を把握しているかどうか判別することができます。

さすがに最初は5分はキツいのですが、繰り返しているうちにできるようになってくるんですね。5分なりに、ちゃんと要点を掴むようになってきます。

もちろん、全部に目を通すことはできません。

まず目次をチェックし、次に前書きを読み、大事な章、結論を述べていると思われる章に目星をつけます。

さらにその章のなかで大事な部分を重点的に読みます。これが5分の間でできるようになってくるのです。

こうなると、15分、20分で本を1冊読むということが、今度は「そんなに時間があるのですか？」となります。

いきなりキツいところから入って、負荷をかけるというのは、訓練においては有効な方法です。

野球選手が、素振りで普段のバットよりも重いもので練習するのと一緒です。本番ではバットが軽く感じられるというわけです。

それもこれも、新書だからできるという面があります。手頃な分量で、内容も難しいものではない。文章も平易で、面倒な漢字も使われていません。

これがいきなり源氏物語のような古典を5分で読むとなると、それは不可能でしょう。新書は読書力、読解力の訓練にはもってこいのテキストでもあるのです。

ケインズとハイエクの違いとは？

新書を読むことで、本を読む力がつくと同時に、教養の基礎ができます。基礎をしっかり身につけるために、新書のなかでも最初は「名著50冊」「名著１００冊」といったガイド本から入るのがお勧めです。

「経済学の名著」「現代思想の名著」「歴史学の名著」など、いろいろな分野のガイド本があります。

私はこれらの本を、一種のノートだと考えています。ノートというのはそもそも要点をまとめて、そのポイントがわかるようにしているものですよね。

名著１００冊のようなガイド本はまさに、その分野の主要な本とその要点をまとめたものです。

それはいわゆる本の地図であり、索引のようなものでもあります。思想なら思想の分野で、経済学なら経済学で、誰がどんなことを主張しているか、その主な著作にはどんなものがあるかがわかります。

同時に、同じような系譜の研究者や書籍にはどのようなものがあるか、別の系譜としてどんな人がいてどんな著作があるかもわかります。


たとえば経済学で言えば、ケインズは巨星なわけです。マルクス経済学とは別の系譜の、自由主義経済における論理を構築した人物です。おそらくここまでは大学に入学する学生であれば知っていることでしょう。

もう一人、近代経済学で重要な人物で、ハイエクという人がいます。ケインズは知っていてもハイエクを知っている人は少ないのではないでしょうか。

じつはハイエクは、ノーベル経済学賞を受賞するほどの功績の持ち主です。ケインズと同時代を生きた彼は、自由主義経済の理論を追求するなかで、ケインズとは少し違った立場をとった人でした。

ケインズはご存じの通り、資本主義につきものの景気変動と恐慌に関して、政府が積極的に財政出動を行うことでコントロールするという考え方でした。そしてそれを理論化した。これはいまでも資本主義国家の経済・財政政策の基本的なセオリーになっています。

いっぽうハイエクは、政府による経済のコントロールに、危険な匂いを嗅ぎ取っていました。政府による一元的な管理が強固になると、それはナチズムやファシズムのような全体主義につながる。その最悪な形が共産主義だというのです。

ハイエクは人間の理性の脆さや不完全さを指摘します。そして自由な経済活動は、特定の人間やエリート集団の理性にもとづいた合理的で、計画的なものでは決して達成し得ないものだと説きます。

それは、さまざまな人間の欲望や願望、希望の集積であり、その膨大な変数のなかで絶えず変化する「生き物」だからです。「自由とは不合理なものだ」というのはハイエクの名言でしょう。

少し話が逸れてしまったようですが、これらのことは経済学者で京大名誉教授の間宮陽介さんの『ケインズとハイエク――「自由」の変容』(中公新書)を読むとよくわかります。

ケインズを知ることは、近代経済学と現代の自由主義経済の構造を知る上で不可欠ですが、立場の違うハイエクを知ることでより理解が深くなります。

お互いの違いがわかることで両者の特徴と、問題点が明らかになるのです。難しい専門書を読まずとも、新書を読むことでそれらのことが理解できます。

それを導き手にして、今度は専門書を読めばより理解しやすくなるというわけです。

横断的な知性を身につける

新書を選ぶ際に参考になるのが、各社が出している新書の目録です。シリーズのすべてが分野別、五十音別に紹介されていて、どんな新書が出ているかがひと目でわかります。

ちなみに岩波新書では『岩波新書解説総目録1938‐2019』が2020年6月に発売されたばかりです。

1938(昭和13)年、戦前に誕生した岩波新書のこれまでのすべての著書の解説が載っています(2019年12月刊行分まで)。なかには絶版になったものもありますが、岩波新書の歴史を知る上でも参考になるでしょう。

これらの図書目録をざっと眺めているだけでも、読んでみたいと思う本が何冊も浮かび上がってきます。読書のモチベーションがどんどん高まるでしょう。

しかも目録の利点は、分野別に整理してあることです。たいていは「政治」「法律」「経済」「社会」といった社会科学系と、「宗教」「思想・哲学」「心理学」「教育」といった人文科学系、それに「天文・物理」「生物・化学」「地学」「数学」といった自然科学系に分類されています。

この分類は大学の教養課程の分類そのものでもあります。ですから、新書を各分野まんべんなく読むことで、基本的な教養、人類のこれまで積み重ねてきた知性を学ぶことができるでしょう。

近年、学問が専門特化することで知性が偏りがちな傾向があります。そのため横断的な知性を身につけるリベラルアーツの考え方が見直されています。

新書の目録を活用して、各分野をバランスよく読むことで、自然にリベラルアーツを達成することができるわけです。

詳しい人に聞くのが一番早い

学生時代、マックス・ヴェーバーにハマった時期があります。ドイツ出身の社会学者であり政治・経済学者でもあるヴェーバーは、現代社会学の基礎を作り上げたとされる人物です。

ヴェーバーは著名な『プロテスタンティズムの倫理と資本主義の精神』(岩波文庫ほか)という本で、西洋における近代資本主義の発展は、プロテスタントの禁欲主義と勤勉、合理主義的精神によってもたらされたと論じました。

当時、力を持ち始めていたマルクス経済学では、生産と生産関係という経済的な環境(下部構造)によって、社会的な制度や価値観(上部構造)が決定されると論じました。宗教も上部構造の一部であり、生産関係すなわち経済形態によって帰結されるものだと考えられていました。

ヴェーバーはその逆を主張しました。つまりプロテスタンティズムの倫理が資本主義という生産形態を生み出したと指摘したのです。

私は若い頃、このヴェーバーの研究姿勢と論理の組み立てが好きで、彼の著書をノートをとりながら学びました。そしてマックス・ヴェーバー研究の本をいくつか読む中で、折原浩先生の授業を受けました。

その授業では、ヴェーバーとデュルケームを比較しながら読みました。私はその切り口の斬新さに魅かれていたのです。

あるとき、私が「ヴェーバーの全体像をつかむにはどんな本がいいでしょうか」と質問すると、「それならラインハルト・ベンディクスの本がいいよ」と勧められました。

読んでみたらこれが非常によかった。ヴェーバーの生涯の著作とその内容が大体わかる内容でした。非常にバランスが良く、ヴェーバーの全体像を掴むにはもってこいの本なのです。

本の選び方、読む順番は、やはりよく知っている人にアドバイスをもらうのが一番です。そもそも大学というのはそのためにあるようなものでしょう。

専門の先生が、それぞれの分野で初心者の学生たちがどのように本を選び、どのような順番で読めばよいかをアドバイスする。
その分野のさまざまな本を読み、自らの経験上で最も良い本と、それらを読み進める最適な順番を知っているのが大学の先生であるわけです。

では、大学生ではない、一般のビジネスパーソンや主婦の人たちはどうすればいいでしょうか？

大学の先生に直接聞くことは難しいでしょう。ですが、たとえば読書会に参加する、各地域でやっている市民講座やセミナーなどに参加することはできます。そこには講師の人や、その分野に詳しい人が周囲にいるはずです。そういう人にアドバイスを仰ぐということもできると思います。

また、力になるのが書店の店員さんです。とくに専門書の売り場に行くと、哲学や社会学など社会科学系の本に詳しかったり、自然科学系の本に詳しかったりする店員の人がいます（書店にもよりますが）。

とにかく知っている人に聞くということが、本を選ぶ上での一番のセオリーです。

その際に、「その著者の研究の全体像がわかる本は？」とか、「この分野の最新の研究がわかる本は?」「この分野で読んでおくべき基本の本は?」のように、ある程度こちらの狙いと希望を明確にして聞くことがポイントでしょう。

レビューを参考にして本を選ぶ

自分の身の回りにアドバイスしてくれる人がいないという人でも、いまはインターネットの時代。それを駆使してアドバイスをもらうことができます。

私はじつはレビューが大好きでして、いろいろな人のレビューを読むのが習慣になっています。

手厳しい意見もありますが、なかにはなんて親切なのだろうと感心するくらい、懇切丁寧に解説してくれているものがあります。こちらが聞く前に、すでにその回答がレビューにあげてあるのです。

私はハードボイルドだとか推理小説のような娯楽系の本も大好きです。とくにこの分野にはマニアがたくさんいます。そしてレビューを見ると、それこそ本の感想から裏話的なこと、誤字脱字に至るまで、こまかく指摘してくれている人がいます。

ロバート・パーカーの作品が気になって、何を読もうかと思案していたところ、『初秋』と『晩秋』という作品があることを知りました。

レビューを読んだらこの二つは続き物で、『初秋』に出てくる登場人物が成長して、その後の話が『晩秋』に書かれていると判明。シリーズものだとわからずに『晩秋』から読んだら、せっかくの連作のだいご味が台無しになってしまうところでした。

この作家の1作目はこれこれだけれど、最初に読むならこの本から読むべきだとか、この作家の面白さがわかるのはこの本だ、など本を読む順番、選び方に関して、貴重なアドバイスがいくつもあります。

お金になるわけでもないのに本当に親切だなと思いますが、マニアというのはそういうものなのですね。無償で自分はこれだけやる、ここまで徹底する。そのこだわりが、マニアのマニアたるゆえんなのです。

ちなみに私は、自分の作品に関するレビューは基本的に見ません。たとえ高評価のレビューが多くても、批判的なものが一つでもあるとそちらに目が行ってしまうものです。それが人間の弱さというものでもあります。

あえて不快な思い、不安な思いをしないように、自分のレビューは見ないことにしているのです。

レビューだけでなく、ネット上の情報を100％鵜呑みにしてしまうのは危険です。レビューもなかには仕込み、サクラがありますし、意図的に悪意を持って「けなし」にかかる人もいます。

レビューのなかには、そんなサクラ的なレビューを指摘しているものもあります。「こんな内容が5つ星のわけがない」という主観的な理由ではありません。

そのレビューをあげた人物のほかのレビューを確認するのです。すると、どうやらその本だけにしかレビューしていないとわかる。それはおそらく、限りなく仕込みに近いというのですね。そこまでしっかりとレビューで指摘しているのです。

3タイプのうちどれかを見極める

ほかのレビューの評価がそんなに悪くないのに、極端に評価が低いレビューがあります。こうした厳しいレビューほど、見極める目が必要になります。

私はこのような極辛口レビューには、3タイプあると思います。

まずは著者に対する悪意がある場合。著作云々ではなく、その著者に対して悪意があり、とにかく誹謗中傷したいために辛口のレビューをあげる人がいます。

この場合は、その人のほかのレビューを見ることで、特定の著者の著作に対して批判的であることが判断できます。

また、レビューの内容が公正さを欠き、人格を攻撃するような内容であった場合も、これを疑うに十分であると思います。

次は、自分の読解力のなさによるものを、著者の責任に転嫁している場合です。著者の意図を正確に汲み取る力がなく、枝葉末節に拘泥している。曲解、誤解して、勝手に間違った結論を導き出して、批判し、怒っている。

この場合は、著作の内容と比較検討して、その批判や指摘が公正で的を射たものかどうか。論旨が首尾一貫しているかどうか。文章の構成がちゃんとしているかどうか。こうした点をチェックすれば、本人の読解力不足が原因かどうかがわかると思います。

そして最後は、独自の鋭い視点で、問題点を見事に突いている場合です。レビューした本人にとってはこだわりのある部分で、その著作に欠けているもの、間違えているもの、問題と思われるものがある場合、かなり厳しめな評価としてレビューにあげられるときがあります。

レビュー作者自体の知的レベルと教養が高いのは、文章とその論理構成をチェックすれば、自ずとわかると思います。

さらにその人のほかのレビューを見て、同じ著者の作品でも、ほかのものに対しては高評価のものがあり、公正に作品の内容でレビューをつけていること。ほかの著者に対しても同じような姿勢で臨んでいて、態度と視点がブレていないこと。このようなことなどから、このタイプの辛口批判レビューであることが推察できます。

最後のタイプのレビュアーは、ほかの人がスルーしがちなところに、独自の視点で問題意識を投げかけますから、読者にとって目を開かれることでしょう。

それだけでなく制作側、すなわち編集者や版元、著者にとっても、大いに参考になるものが多いと言えます。

超辛口レビューが、右の3タイプのどの種類のものであるかを、しっかりと見極めて参考にする必要があります。

超難解な『存在と時間』の読み方

ハイデガーという哲学者を聞いたことがあると思います。ドイツの哲学者で、「存在とは何か」を徹底的に考えた人物です。

ハイデガーによればこれまでの人間のあらゆる知性や学問は、「ある（存在する）とは、どういうことか」という根源的な問いと答えを、あえてスルーして成り立っていると考えました。

彼は、「存在」とは「死」というものを前提にしないと解明できないことに気づきます。そして人間のさまざまな行動や意識は、結局のところ、死の不安や恐怖を隠ぺいするべく成り立っていると考えたのです。

彼の考えをだいぶ端折って書きましたが、いずれにせよ、ハイデガーの代表作である『存在と時間』は、近代から現代にかけての思想哲学で大きな位置を占める著作でした。

しかし、これが超難しいのです。これまでどんな知性も正面から取り組まなかった、存在そのものに関する考察なので、無理もないのですが。「世界内存在」だの「存在了解」だの「現存在」だの、もう何が何やら……。

哲学を学ぶ人は、誰もがこのハイデガーの難解さに一度はぶち当たります。私も若い頃、この本の読書会に参加したことがあります。ドイツ語の原文にじっくりと当たるのですが、これが本当に遅々として進まないのです。これではいつまでたっても全体を理解できないじゃないか、と思った経験があります。

ところが2013年に岩波文庫から出た、熊野純彦さん訳の『存在と時間』を読んで驚きました。なんと各章ごとに、その章の要約が出ているのです。

この章では、これこれこういうことが書かれている。ポイントはこういうことだ、とまとまっていたのです。

これから読む章の内容と方向性がわかれば、安心して落ち着いて読むことができます。すでに略図が頭に入っているので、小難しい用語が出てきても、おそらくこういうことだな、と理解し、先に進むことができます。

おおよそのことがわかっているからこそ、先に進むことができるのです。これが何も道しるべがなかったら、自分はもしかしたら間違った道に迷い込んでいるかもしれないと、疑心暗鬼でソロソロとしか進めません。そして結局間違った道に入って、誤解してしまうのがオチでしょう。

ところが、熊野さんのわかりやすい要約があるので、誤解のしようがないんですね。仮に読み進めていくなかで混乱してきたら、最初の要約をもう一度確認する。それで修正していけばいいのです。

そもそも、岩波文庫は原本主義というか、古典の内容をそのまま読者に提供するというのが基本スタンスだったと思います。余計な解説や注釈を極力加えないのです。なので、原典は岩波文庫で持ちつつ、解説書や注釈は新書などの入門書を別に携行するというのがこれまでのスタイルでした。

ですから、岩波としてはかなりの決断だったのではないでしょうか。原文だけでなく、注釈や要約を入れ、新書的な解説の役割も兼ねたわけです。

おかげで新たな岩波文庫の『存在と時間』は、全4冊セットになりましたが、それだけの価値はあると思います。

このように、最近の本は要約や注釈が充実しているものがけっこうあります。そこに注目して本を選ぶというのも、最初の1冊を選ぶ一つのポイントでしょう。

訳者で本を選ぶ楽しさ

熊野さんの翻訳の話をしたので、ここで翻訳者の重要性についてお話ししましょう。外国の著作を選ぶ際には、何をおいてもまず訳者の存在が大きいと言えます。

私はニーチェが大変好きなのですが、そのきっかけは手塚富雄さん訳の『ツァラトゥストラ』を読んだことでした。

手塚さんの訳はとても文学的な香りが高い文章でして、訳文のぎこちなさがまったくないどころか、原文のエネルギーと品格がそのままジワリと伝わってきます。

おそらく、手塚さん自体がニーチェとその作品を心底愛されているのでしょう。そのことが伝わってくるのです。

私の場合、最初に手塚さんのものを選び読んだからこそ、ニーチェが好きになったとさえ言えるのです。

これが拙い訳者だったり、さして思い入れのない仕事をしている訳者の訳であったりしたら、果たしてこれほどまでニーチェに傾倒していたかどうか。

手塚富雄ファンの私は、同じように手塚さんの訳でゲーテの『ファウスト』(中公文庫プレミアム)を読み、ヘルダーリンの作品を読みました。訳者のファンになることで、読書の幅が広がっていったのです。

同じようにシェイクスピアなら小田島雄志さんもいいですね。とても安定感があります。最近の訳者ですと、松岡和子さんも好きです。

少しさかのぼれば、やはり福田恒存さんでしょう。あの文語的で格調の高い文章が、緊張感とリズム感のあるシェイクスピアの作品にとても合っていました。

福田さんの作品は新潮文庫に多いのですが、私はそれでシェイクスピアと初めて文学として出会ったんですね。そういう記憶のよしみのようなものがあります。私はそれこそ声に出して読んでいたのでなじみ深いのです。

もっとさかのぼると、坪内逍遥の訳は古くささも面白いので、私が総合指導をしているＮＨＫ Ｅテレ「にほんごであそぼ」でも使っています。

「新訳」ならカントも理解できる

外国の本は良い訳者、自分に合った訳者をいかに見つけるかが重要です。その意味で、先ほどお話ししたレビューは非常に参考になるでしょう。

なかには、いろいろな訳者の訳を比較しているレビューもあります。そして圧倒的にこの人の訳がいいとか、この人のこの部分の訳はわかりにくいけれど、別の人の訳を確認したらすごくよくわかったなど、翻訳ものに関しては参考になるものがたくさんあります。

いま、ちょうど出版社でもそういう時期なのか、新訳本のラッシュという感じがします。ですから、以前は難しいからと諦めたり、途中で投げ出してしまった本も、新訳なら読めるかもしれません。

カントなどというじつに渋い哲学者の本も、新訳が出ています。

近代哲学はデカルトから始まり、ヘーゲルで完成すると言われているようですが、カントはその中間にあって西洋近代哲学の非常に重要な位置を占めています。

カントはそれまでの哲学が求めてきた「世界とは何か」「世界の根本原理は何か」というような哲学的な根本問題が、人間の理性では解き明かすことのできない問題だということを論理的に証明します。

しかし、有名な著作である『純粋理性批判』は、そもそも難解な上に、訳文による表現の難しさなどがあいまって、とにかく難解で難渋な本でもありました。

その難しいカントが、新しい訳で再び注目され始めています。光文社古典新訳文庫から出ている、中山元さん訳のカントの著書がその代表的な例でしょう。

『純粋理性批判』の全7巻をはじめとして、『実践理性批判』『道徳形而上学の基礎づけ』

などが出ています。

いずれも丁寧な解説と訳注で、難解なカント哲学がわかりやすくまとめられている良書と言えるでしょう。

ちなみに中山さんはカントだけでなく、フロイトやルソー、フーコーなど幅広く精力的に翻訳活動されていて、いずれも大変読みやすい内容になっています。


古本だけ読んでいると、訳者もどうしても一時代前の人だったりします。私は昭和35年生まれですから、訳者の少し古い日本語の方が、むしろしっくり来たりします。あの独特の英文翻訳調も、学生時代から慣れているので意外に苦になりません。

ですが、最近の若い世代の人たちにとっては、古い日本語訳には抵抗があるかと思います。少し値段が高くなりますが、古本ではなく、新品の新しい訳者による訳本を読んだ方が理解が進むでしょう。

その意味で、光文社古典新訳文庫などのシリーズはとても意欲的に新訳を進めています。若い人たちが読みやすい訳を意識しているという点で、注目したいシリーズだと思います。

チャンドラーを村上春樹で読む

自分の好きな訳者を見つけ、その訳者を辿って読書を進めるというのも一つの方法でしょう。

とても訳が上手で、大好きな訳者の一人に村上春樹さんがいます。忠実に訳しながらも、日本語としての調子の美しさを兼ね備えています。

村上さんは小説家ですから、翻訳家以上に読ませる日本語を意識されているのでしょう。とくに最近の訳は、もはや翻訳書だと気づかせないような素晴らしい訳をされています。

村上さんの訳といえばフィッツジェラルドから始まって、レイモンド・チャンドラーとかレイモンド・カーヴァーとか、大変精力的に翻訳作業をされています。

ご自身が作家として作品をたくさん生み出すのと並行して、よくできるなぁと感心してしまいます。

カーヴァーに関しては、日本に最初に紹介したのが村上さんであり、以降の翻訳はほぼすべて村上さんがやっています。チャンドラーの有名な『ロング・グッドバイ』(早川書房)などを読むとわかると思いますが、丁寧でおしゃれな文体は、もはや村上さんの小説と言ってもいいくらいです。

たいていの日本人の作家は、ほかの日本人の作家の作品や文体などに触れ、影響を受けるものです。

村上さんの場合は、米国の作家の英文の文体に影響を受けたという点で、とても面白い部分があるように思います。

おそらく村上さんは、翻訳をして英文に触れつづけることで、自分自身の日本語の作品の文体を保持するというか、そのクオリティと独自性の血脈を保っているのではないでしょうか。

訳者が変わると不安になる

翻訳者の文体というのは、非常に重要です。

私自身はミステリーも好きなのでよく読みますが、一人の訳者が気に入るとずっとその訳者の作品を追っていきます。訳者の文体が好きなので、心地よくストーリーに入り込むことができます。

ですから訳者が亡くなってしまったりすると、それはもうショックを受けてしまいます。

東江一紀さん訳のドン・ウィンズロウの作品が大好きでよく読んでいたのですが、東江さんは2014年に若くしてガンで亡くなってしまいました。まだ亡くなるような年齢ではなかったので、大変驚きました。

そして東江さんのドン・ウィンズロウの次の訳本が読めなくなると思うと、その喪失感たるやとても大きなものでした。

訳者が変わると、文体も変わってしまうかもしれませんし、その格調や雰囲気、主人公のキャラクターまで変わってしまう可能性があります。

ドキドキしながら次のウィンズロウの『ザ・カルテル』（角川文庫）を読んだのですが、幸い次の訳者の方も大変上手な方で、ほとんど変わったことを意識せず読み通すことができました。おそらく東江さんの文体や雰囲気を崩さないように注意を払われたのでしょう。


作家にとって文体が非常に大切なように、訳者にとってもそれは大変重要なポイントです。良い訳者、優れた訳者は翻訳技術が優れているとともに、作品の良き理解者であり、同時に自分自身の文体を持っています。

その文体が著者の作品と合致して、理解しやすく、かつ格調と香り高い翻訳になるのだと思います。

ちなみに、柴田元幸さんの訳はファンが多く、「柴田さんが訳しているのなら間違いない」と、すべての作品を買っている知人がいます。

いずれにしても、自分に合った翻訳家を自分で選べる時代です。本選びの一つの基準として、訳者というのが非常に大事なポイントになっていると言えるでしょう。

短編から読み始めるとうまくいく

小説の場合、いきなり長編に向かうと挫折してしまう恐れがあります。とくに欧米の小説の名作には長大な作品がたくさんあります。

読書の習慣がまだそれほど身についていないときは、無理して長編を読もうとするのではなく、短編小説を読むことをお勧めします。

私の場合は、文庫本を本格的に読み出したのは中学生のときくらいでしょうか。そのくらいの年齢から読書が習慣になるというのは、短編を読んでいる人が多かったですね。

星新一さんはよく読んだ作家の一人でした。星さんの良さは、文庫本3ページくらいの分量で一つの話が終わること。しかもアイデアとストーリーが奇抜で面白いので、ポンポン読めてしまいます。気がつくとけっこう読んでいるんですね。

それが読書における一種の成功体験となり、さらにたくさんの作家を読んでみたくなるのです。

西洋の作家には、有名な短編作家がたくさんいます。『O・ヘンリー短編集』（新潮文庫）などは懐かしいですね。

有名な『賢者の贈り物』という作品は、ある貧しくて若い夫婦のクリスマス・プレゼントのお話です。お互いに自分の最も大切なものを売って、相手へのプレゼントを買いますが……。シンプルな物語ですが、心に迫るものがあります。

『最後の一葉』も名作ですね。窓から見えるツタの葉が、すべて落ちたら自分の命も尽きてしまうという病床の少女。それを聞いたある老画家は、一計を案じて少女に生きる勇気を与えます。ところが最後に……。

意外な展開と、巧妙なフリや伏線。これぞまさに短編の醍醐味でしょう。人生の深さや輝きは、長編でないと表現できないということはありません。短編だからこそ、鋭く鮮やかに真理を切り取ることもできるわけです。

O・ヘンリーと並ぶ短編の名手と呼ばれたサキや、サマセット・モーム、モーパッサンやチェーホフなど、世界には有名な短編作家がたくさんいます。

日本でも芥川龍之介は典型的な短編作家ですし、太宰治なども『斜陽』『人間失格』などの長編もありますが、短編の多い作家です。

意外な作家の短編集もお勧めです。ドストエフスキーといえば、長編小説専門に思いますが、短編もあります。以前、福武書店から『ドストエフスキー前期（後期）短編集』が出ていました。

トルストイの『イワンのばか』、夏目漱石の『夢十夜』、カフカの『断食芸人』など、長編が注目されている作家の短編を読んでみる。比較的とっつきやすいのと、長編では見られないその作家の、別の一面に触れることもできるでしょう。

ベストセラーはいつ読むべきか？

この章では、最初の1冊を正しく選ぶことが、読書を実のあるものにする上で大切なことだと話してきました。

では、そのときどきで生まれるベストセラーや話題書は、どういうタイミングで読むべきかについて少し考えてみます。

古典や名作であれば、すでに評価が確定しています。ところがベストセラーや話題の書になると、メディアでは取り上げられているけれど、評価として固まっているわけではありません。

そこであえてしばらく待って、ある程度評価が確定するまで買わずに待つのも手です。反対に、とにかく話題になった本は買ってみるのもいいでしょう。なかにはハズレも出てくるでしょうが、それは仕方ないと諦めます。話題になる本は、旬のものでもあります。そのときの話のネタにもなるでしょう。

これが旬を過ぎてしまうと、もう話題としての新鮮さがなくなってしまいます。最近は出版社も余裕がありませんから、比較的早い段階で絶版にしてしまい、手に入りにくくなります。

数年前に、トマ・ピケティの『21世紀の資本』という本が大変なブームになりました。私も思わず購入して、全部は読めなかったのですが、大事だと思う部分を重点的に読みました。

この本のポイントは、r（資本収益率）＞g（経済成長率）という不等式なんですね。ピケティは18世紀から現在までのデータを調べてみた。すると、資本収益率が平均5％くらいなのに対して、経済成長率はせいぜい2％ほどだとわかった。

過去のr＝資本収益率とは資産運用で増えた富であり、g＝経済成長率とは働いて得られる富と考えられます。するとr＞gとは、資産運用でお金を増やす富裕層と、資産運用できず働いて稼ぐだけの人たちの格差がどんどん広がっていくことを意味します。構造的に二極分化が起きることを、ピケティは膨大なデータをもとに示したわけです。

おそらくピケティブームがなければ、ほとんどの人たちはこのような事実に気づかずにいたでしょう。

また、そんな話題も巷でとりあげられることもなかったはずです。旬な話題にしっかりと乗ることで、私たちは共有できる知性や情報があるわけです。

その意味で話題になっている本には、一応目を通しておくというのも大事なことだと思います。

ちなみに、私は『鬼滅の刃』はマンガ・アニメ・映画をすべて見るほどハマったので、若い人たちと会話が盛り上がりました。

本との出合いは一期一会

ベストセラーや話題書もそうですが、私は欲しいと思ったときに、本だけはできるだけ購入するようにしています。古本などでも、気になったら思い切って買ってしまいます。というのも、古本屋などで気になったけれど、「ちょっと後で」と思っているうちに誰かに買われてしまうことがあるからです。するともうなかなか手に入りません。

先日もある本が、ヤフオクで1000円で売っていました。買おうかどうかと迷っているうちに、やはり同じような本好きの人が全国にいますから、買われてしまいました。

すると同じ本で残っているのは、もう急に5000円とか6000円になっていたりします。

ですから「思い立ったときが買いどき」というのが、本に対する私のスタンスです。なんだかんだ言っても本ですから、よほどの稀観《きこう》書でもない限り何万円、何十万円もするものではありません。

せいぜい高くても数千円だとしたら、もう迷うくらいなら買ってしまう。買えずに後悔するくらいなら、買ってしまった方がいい、というのが私の考えです。

最近はアマゾンなど、ネットで本を購入する人が増えています。たしかに便利で私もよく利用しますが、本はやはり書店で買うのを基本にしたい。

書店は、本と触れ合う最良の場であると思います。大きな書店に行けば、あらゆるジャンルの本が並んでいます。手に取って、パラパラとめくって内容をざっとチェックできるというのが、書店の大きなメリットの一つでしょう。

仮に1冊の本を購入するのに10冊の本をめくってみたとします。するとその10冊を精読しないまでも、ある程度どんな本かを知ることができます。1冊読むのに、10冊を速読したのと同じような情報を得ることができます。

本は人と同じで、出合いなのです。思いがけない場所で、思いがけない縁が生まれるように、本もまた出合いです。

本来の目的とは違ったものが、書店という場を通じて目に入り、買ってしまう。それが運命的な出合いである場合が往々にしてあるのです。

書店全体も一つの情報です。書店をブラブラと歩くだけで、いまの世の中でどんな本が売れているか、どんな分野が売れ筋かがわかります。

本の装丁やタイトルをチェックすれば、そのときどきの流行りのスタイルがあることに気づいたりします。

また、集まっている客層を見ているだけで、どんな層がどんな分野や本に興味があるか、察しがついたりします。

とにかく、書店はさまざまな情報や社会の動きがそのまま表れる場所なのです。その空気に触れるだけでも、書店に足を運ぶ価値があると思います。

思い切って全集を買ってみる

読書がまだ習慣化されていないという読書初心者には、一見ハードルが高そうですが、あえて思い切って「全集」を買うという選択もあります。

本というのは、私は一個の人格を持っていると考えています。たとえば漱石全集であれば、それが家にあるということは漱石の知性と教養、もっと言えば漱石の人格がそっくり自分の家に存在するという感覚です。

太宰治全集にしても、宮沢賢治全集にしても、全集が自分の家の、しかも自分の部屋にドンとあるとしたら、太宰や賢治がそこにいるような感じがします。いやいや、全集の置き場なんてないよ、と言う人は、ちくま文庫などでこうした文豪の全集が揃います。

いまの時代は、電子書籍でもインターネット上でも本の情報が溢れ、古典的な著作データもあげられています。便利ではありますが、本が持っている存在感、人格的な重さはそこにありません。

とくに全集になると装丁にも力が入っていますから、文庫や新書とは全然違う存在感があるものです。そういう存在が自分のなかに、不思議な落ち着きや安心感を与えるということがあると思います。

読書初心者には全集など早いと思うかもしれませんが、逆転の発想でそういう存在感の強いものを先に身近に感じることで、自然に無意識に読書に意識が向いていくということがあるように思います。


昔の家では、よく少年少女文学全集とか、世界文学全集のようなものが本棚に並んでいたりしたものです。

そのすべてを読破しないまでも、折に触れて子どものときからそのような本の存在を感じている人は、不思議と本に対する親近感が芽生え、読書に対する抵抗感がありません。

全集を思い切って買って自分の身近に置くことで、意識を変えていくということも、本を段階的に読み進めていく上で有効な方法だと思います。

第 **3** 章

「哲学」から「歴史」、「科学」まで

【ジャンル別】

本物の教養が身につく3ステップ読書術

6つのジャンルを3ステップで読む効果

1章と2章でお話ししたように、本を正しく理解し、知識・教養を身につけるには、本を読む順番が大切です。

ですから、いきなり専門書や原典などの〝重い本〟ではなく、軽くてやさしい内容のものから入り、基礎的な力を身につけた上で専門書などに挑戦するのが望ましいでしょう。

何の指針もなく、ただやみくもに読書していては、知識と情報の混とんとした海のなかをさまようだけで、結局何も身につかずに終わってしまう恐れもあります。

段階を踏んで読むことで、理解が進み、知識が正しく積み上がっていくのです。

この読み方の基本をおさえた上で、3章と4章では実際の本を挙げながら読む順番について3ステップに分けて解説していきます。

まず3章では、「思想・哲学」「科学・宇宙」「数学」「宗教」「歴史」「文学」の6つのジャンル別に紹介します。

教養を身につける際は、文系・理系で偏ることなく、幅広く横断的に知識を増やしていくことが大切です。

まさに大学の教養課程で学ぶようなリベラルアーツ的教養を、読書によって身につけていくのです。バラバラの知性を関連させることで、より強固な教養と知性の土台を作ることができるはずです。

もちろん、人によって読書レベルや蓄積している知識の量は違います。

自分はすでに初級レベルの読書をし終えていると思う人、土台となる知識を有していると考える人は、2ステップ、3ステップ目からの読書で構わないでしょう。

あるいはそのような人でも、もう一度土台作りをしっかりしたいという人は、ステップを下げて読み直すということもよいと思います。

思想・哲学ジャンル

難解で長大な作品が多いので、やさしいものから読み始めたい

思想・哲学ジャンルは大変多くの本が出版されています。

しかも難解で長大な著作が多く、いきなりそれに食らいついたら大変なことになってしまいます。

このジャンルはとくに入門書——それも思い切って「やさしすぎるのでは？」ぐらいの本から入るのが得策です。

その意味では、ひと昔前に比べて、レベルに応じた親切なつくりの本が増えています。

そういう本を選択し、じっくりと腰を据えて読書をすることが大切です。

ステップ1
［最初の1冊］

哲学の世界の概略と全体像をつかむ

昨今は思想・哲学の初級者向けのやさしい本が増えています。漫画やイラスト、図解を多用することで、視覚的に理解することができる本がたくさんあります。

ギリシャ哲学から始まって中世の神学などの哲学、そして近代以降の哲学から現代哲学まで、思想哲学の系譜をわかりやすく簡単に解説した本が数多く出ています。

なかでも初心者向きとしてお勧めなのが、**『哲学の解剖図鑑』（小須田健／著　エクスナレッジ）**です。

この本がユニークなのは、テーマごとに古今東西のさまざまな哲学者や思想家がどう解釈し、どう結論付けているかがわかる構成になっていることです。

たとえば1章は「身近なギモンを考える」というテーマで、「『ときが流れる』とはどういうこと？」「なぜ学校に行かなければならないの？」「男と女はどう違う？」「自由って何?」というような、日常の身近な疑問を設定し、それぞれにアリストテレスやプラトン、ニーチェやサルトルといったそうそうたる哲学者が3人ずつ、自分の解釈と説を紹介するという構成になっています。

しかも1ページ一人という構成で、文章だけで説明するのではなく、イラストを多用して、視覚的になじみやすく楽しく理解できるように工夫されています。

哲学や思想をほとんど知らない人、初めて学ぶという人には大変とっつきやすい内容だと思います。

初心者向けの本では、**『哲学用語図鑑』(田中正人/著 プレジデント社)**もお勧めです。いま「続」のほうが出ていますが、最初に出たこの本が大変売れました。

本作では、古代、中世、近世、近代、現代の5つの時代の、それぞれの代表的な哲学者や哲学用語が、ページ単位の解説で構成されています。

イラストを使い、簡単明瞭な解説ですっきりとまとまっています。入門書として、哲学の世界の概略と全体像を知るのに適した一冊です。各時代の最初に、その時代の哲学者の年表がついているのもいいですね。

たとえば「二元論」という哲学用語を調べると、精神と物質、神と人間、主観と客観という二元論による世界観、考え方が具体的に解説されています。

「弁証法」について説明せよとか、「アンガージュマン」について説明せよというような、用語問題が試験などでよく出されますが、この本があればどんな哲学者がどんな立場で、どのような内容でこれらの言葉を使っているか、その概略がわかります。

かつて私が学生だった頃、このような哲学用語集というのは、有斐閣から出ている『**西洋哲学史の基礎知識**』**（生松敬三／著）**という、大きくて分厚い本が定番でした。横組み2段に細かい文字で、びっしりと解説がありました。

とはいえ、まったくそれまで哲学をかじったことのない人が、いきなり読んですんなり理解できるレベルではありません。いまにして思えば、中級クラスの人が読む本だったと思います。

私の学生時代に、前述した『哲学用語図鑑』のような親切な本があれば助かっただろうなぁと、いまの人たちが少しうらやましく思います。

哲学初心者の人にとっての用語集として、『哲学用語図鑑』はとても力になるでしょう。実際、多くの教養課程の大学生がこの本を哲学の入門書として使っているようです。

ストーリー的に楽しみながら哲学がわかるという意味で、お勧めなのが『**史上最強の哲学入門**』(**飲茶／著　河出書房新社**)です。

「真理」「神」「国家」「存在」という4つのテーマで、西洋の哲学者たちがその知性を戦わせるという内容です。いま風のストーリーで、哲学の流れがとてもわかりやすく書かれています。

また、『**読まずに死ねない哲学名著50冊**』(**平原卓／著　フォレスト出版**)は、古代から現代までの各時代の名著50冊を平易に解説した1冊です。名著を通じて哲学の理解が進み、個々の本を読む前の入門書として最適です。

ステップ**2**
［次の1冊］

哲学の真理に近づける本を選ぶ

哲学は真理を追究する学問ですが、それはすべて言語によって表現されているものです。初心者はイラストや漫画によるわかりやすい本でよいと思いますが、中級編は文章でより詳しく説明したものが中心となるでしょう。

その意味でお勧めしたいのが、**『はじめての哲学史――強く深く考えるために』（竹田青嗣、西研／編 有斐閣アルマ）**です。ギリシャ哲学から始まり、中世、近代、現代の西洋哲学の歴史がそれぞれの時代の代表的な哲学者の解説を通じて明らかにされています。内容的には入門書であり、ステップ1に限りなく近い本といえるほどわかりやすいものです。ただイラストではなく、言葉による解説であるということで、とりあえず中級編に含めました。

次に、中級編のなかでも少し難しい本に挑戦したい人向けに、何冊か紹介していきましょう。

まずは**『西洋哲学史』（熊野純彦／著 岩波新書）**です。〈古代から中世へ〉と、〈近代から現代へ〉の2巻からなりますが、哲学者の思考を原著の記述をちりばめながら解説します。新書とはいえレベルは高めです。

同じタイトルですが、**『西洋哲学史』（岩崎武雄／著 有斐閣）**は、著者がドイツ観念論が専門であり、カントシェリング、ヘーゲルといった人たちの記述が充実しているのが特徴です。ただし現代哲学については記述が少ないので、別の本を読む必要があります。

現代哲学を詳しく学びたい人には、**『現代の哲学』（木田元／著 講談社学術文庫）**をお勧めします。著者はハイデガー研究者ですが、「現象学」や「構造主義」といった現代哲学を学ぶ上で参考になるでしょう。

現象学というのは、フッサールという哲学者が提唱した考え方です。目の前の現象を先入観や予備知識なしに、初めて触れるものとして捉え、その本質を再確認するというものです。まさに生まれたての赤ちゃんが、世界を見たときと同じように世界を見る態度が、現象学的な認識なのです。

構造主義というのは、民俗学者であるレヴィ＝ストロースによって提唱されました。それまでは、人が社会に主体的に関わり、より良いものを目指すなかで社会は進化する、というのが西洋哲学の一つのドグマとなっていました。

しかし、レヴィ＝ストロースは人類のすべての社会が進化や発展を良しとし、それに向かっているわけではないと考えました。

彼は未開人の社会を研究するなかで、社会の構造が人間の意識を作り上げている場面に遭遇します。そこには、人間の主体性や進化という意識はありません。

レヴィ＝ストロースは民俗学者であり、未開の人々の風習や風俗を学ぶなかで、西洋哲学が西洋の価値観だけに捉われた狭いものであることを初めて哲学的に指摘した人物です。

このような現代哲学の新たな知の地平を学ぶのに、本書は大いに役立つものだと言えるでしょう。

ステップ3
［仕上げの1冊］

学者の原典で哲学の真髄に触れる

思想・哲学を理解するための仕上げの1冊は、哲学者の自著が中心になります。

具体的には、哲学者が書いた哲学史や、本人の論考をまとめた自著などです。

哲学史としては、**『西洋哲学史』（バートランド・ラッセル／著　みすず書房）**があります。

これはすでに品切れとなっていると思いますが、好きな本の1冊です。

現代最高の知性の一人と言われるラッセルは、この本をはじめとする多様な著作によってノーベル文学賞を受賞しました。

ラッセルの英文は美文であることでも有名です。論旨が明快で読みやすい。その名文で、過去から現代までの哲学者の思想を解説します。

そしてラッセル自身の考え方が、ところどころ「突っ込み」のように入れられていて面白いです。

まさに論理学者、数学者らしい視点で、哲学史を読みながらラッセルの思想も理解できる内容となっています。

有名なデカルトの『**方法序説**』（**岩波文庫**）もお勧めしたい1冊です。哲学者の自著ということで、ステップ3で紹介しましたが、内容は平易で中級者向けのステップ2に限りなく近いものだと言えるでしょう。

デカルトは数学者でもあり、明証性をつねに求めた哲学者でした。この世の現象はすべて絶対とは言えず、疑わしさが残ります。彼は疑うことのできない唯一のものが、思惟している自分自身の意識だということに気づきます。そこで「われ思う、ゆえにわれあり」という有名な言葉が生まれたのです。

この本でデカルトは、世の中を正しく生きるための思考の4原則を提唱しています。

原則1は、明証性の法則で、即断と偏見を避け、それが疑う余地のまったくないほど明晰で明確であるものしか真として認めないこと。

原則2は、どんな問題も分析しやすいように、小部分に分割すること。

原則3は、思考の順序を守ること。最も単純で最も認識しやすいものから始めて、階段を登るように複雑な認識に上っていくこと。

そして原則4は、総合で、すべての場合を枚挙して全体にわたる見直しをして、見落としや欠落がないかをチェックすること。


この4つの思考の原則を守れば、どんな難問や課題に向き合っても、あるいは物事の真理や価値を判断する際においても間違うことは少ないと言っています。

難しい哲学問題だけでなく、日常のさまざまな問題に向き合う上で大変参考になります。とくに現在のように、新型コロナウイルス禍で、さまざまな情報が飛び交う中、冷静で理性的な思考と判断をするために、とても大事なポイントをついているように思います。

大変短くて読みやすい本ですが、言っていることの内容はとても深く、私たちの日常の生活にも役立つものだと思います。


『純粋理性批判』（カント／著 光文社）はすでに紹介しましたが、同じく光文社から出ている**『永遠平和のために／啓蒙とは何か 他3編』（カント／著）**もいい本です。カントの基本的な思想や社会に対する向き合い方がよくわかる好著でしょう。

『現象学の理念』（フッサール／著　作品社）は、フッサールの初期の頃の著書で、彼の基本的な思考が描かれています。

現代哲学を学ぶ上で、現象学は避けて通れないものでもあり、上級編として読む価値のある本でしょう。ただし、難解です。

『悲しき熱帯Ⅰ、Ⅱ』（レヴィ＝ストロース／著　中公クラシックス）は、現代哲学の中核である構造主義の原点と言えるレヴィ＝ストロースの著作。その後に続くポスト構造主義のデリダやフーコーを学ぶ上でも、外せない名著と言えます。

思想・哲学に関する本はたくさん出ています。以前はやさしく簡単に書くと、本来の理論や真理を正確に伝えられないという恐れからか、入門書といえども哲学用語がたくさん出てきて難解なものがほとんどでした。

そのため、私たちが学生の頃は、本当に理解していたかどうかは怪しいながらも、学友たちに負けたくない気持ちが先行し、わかったように専門用語を並べて語り合ったものです。

しかし、いまは本当に親切な入門書が出ています。

自分はすでに入門書は卒業したという人も、独りよがりな解釈、間違った理解をしている可能性もあります。基礎をもう一度固める意味で、初心者向けの本を再読するのもよいのではないでしょうか。

また上級者向けとして紹介した哲学者本人が書いた著作でも、最近出版されている本は丁寧に注釈や要約がついているものが多いです。

すでに昔の本を持っている人も、理解を進める一助として、改めて最近の訳本を買い直してみるのもよいと思います。

思想・哲学の3ステップ

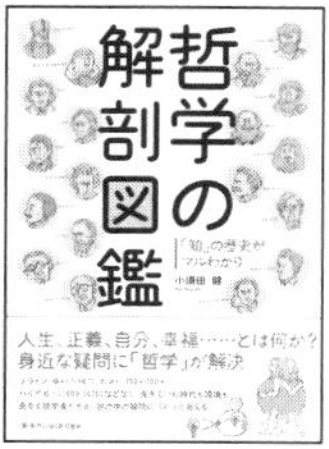

［ステップ 1］

⬇

［ステップ 2］

⬇

［ステップ 3］

科学・宇宙ジャンル

まずは通俗本で基礎を固めてからエッセイや教科書で知識を深化させる

科学や宇宙ジャンルに関しては、いきなり専門的な本を読んでもまず理解不能です。とくに文系の人にとっては数式などがどんどん出てきたら、もうお手上げ状態でしょう。

ただし、科学分野では理系の知識はなくても読むことができ、しかも全体像がわかるように解説してくれる解説書、いわゆる通俗本と称されるものがけっこうあります。

通俗本と書くと、なにやら怪しく聞こえますが、さにあらず。難しい科学の理論や宇宙論などを、専門用語や数式を使うことなく、そのエッセンスをわかりやすく解説したものです。

ですから、しっかりとした基礎知識と豊かな表現力がなければちゃんとした通俗本は書くことができません。

難しいことを、日常の言葉に変換して解説する、一種の通訳であり、また読み物として読者をひきつける必要があるため、作家的な力量も問われるのです。

その意味で、非常に高度な知的加工を施したのが、科学分野のいわゆる通俗本と呼ばれるものです。

欧米では科学者はもちろん、専門のジャーナリストがこのような本を書いていて、一つの権威として確立されています。

いずれにしても、最近は図鑑ブームでいろんな出版社からさまざまな図鑑が出ています。また科学解説書もたくさん出ています。これらのなかからお勧めの本を3ステップで紹介していきましょう。

ステップ1
［最初の1冊］

図鑑や入門書で全体像をつかむ

図鑑シリーズは各出版社から出ていますが、なかでも『**講談社の動く図鑑MOVE**』シリーズがお勧めです。

『生きもの』『宇宙』『科学のふしぎ』『人体のふしぎ』『植物』など、2020年10月現在で計26巻が出ています。

いずれも迫力あるイラストや写真だけでなく、NHKのスペシャル映像を豊富に使ったオリジナルDVDが付いています。DVDは1時間を超えるものもあります。

子どもはもちろんですが、大人でも十分科学の世界を楽しめる内容で、入門書としても優れています。

子どもがいる家庭では子どもと一緒に読みながら、自分自身の興味のある分野を探るのもいいでしょう。

とくに『**科学のふしぎ**』では、第1章「地球のふしぎ」、第2章「生命のふしぎ」、第3章「発明・発見のふしぎ」、第4章「宇宙のふしぎ」と、自然科学の世界のさまざまな不思議や疑問がまとめられていて、大人にとっても読み応えのある内容になっています。

図鑑はこれまで学研と小学館が主流でしたが、2011年に講談社のMOVEが参入したことでその勢力図が大きく変わりました。

MOVEは、本編と連動したDVDで視覚的に楽しめるというのが画期的で、後発ながら一気にトップの座に躍り出たのです。その後、各社ともにDVDを付属し始めて、現在は再び戦国時代になっているようです。

図鑑はラインナップが充実していることも重要です。小学館や学研は歴史があって充実しています。

ちなみに小学館は『**小学館の図鑑NEO**』、学研は『**ニューワイド学研の図鑑**』『**学研の図鑑LIVE**』の両シリーズがあります。そしてポプラ社からは、『**ポプラディア大図鑑WONDA**』シリーズが出ています。

図鑑は最初の1冊に適していますが、ではその後に続く入門書にはどのようなものがあるでしょうか。

科学に対する興味を広げる入門書として『**カガク力を強くする！**』（**元村有希子／著　岩波ジュニア新書**）を推したいと思います。

著者の元村さんは、毎日新聞社の元科学環境部長（現論説委員兼編集委員）で、同社から『**気になる科学**』（**毎日新聞社**）という本も出しています。

その元村さんが中高生向けに、しかも科学が苦手だという人に向けて書いたのがこの本です。

科学の最新知識の本というよりは、科学的にものを見て考えるということはどういうことか、科学的な態度とはどういうものかが書かれている本です。

論理的にかつ自由な発想をどれだけできるか？　その意味で科学の入門書として読んでおきたい本の一つでしょう。

入門書の古典的名作として『**ロウソクの科学**』（**マイケル・ファラデー／著　岩波文庫、角川文庫**）があります。角川つばさ文庫版は、子どもでも読みやすい構成になっているので、とりわけお勧めです。

『ロウソクの科学』は、「ファラデーの法則」で有名な科学者マイケル・ファラデーが、1本のロウソクをさまざまな角度から分析しながら、毛細管現象や対流の現象や燃焼の本質などをわかりやすく解説した科学本の古典的名著です。

2019年にノーベル化学賞を受賞した吉野彰さんが、小学生の頃に読んだこの本が、科学者になったきっかけだったということで、さらに注目を浴びました。

科学に興味を持ち、科学的姿勢や態度とはどういうことかを学ぶ上で、とても役に立つ名作です。

同じような日本の古典的な名作として、**『科学と科学者のはなし――寺田寅彦エッセイ集』（寺田寅彦／著 岩波少年文庫）**があります。夏目漱石の生徒だった寺田は漱石に触発されて文筆活動も盛んに行いました。

子ども向けに書かれたエッセイ集だけあって、とてもわかりやすい本です。混んでいる電車を観察して、混む電車はますます混む傾向があると論じた話や、有名な金平糖の角がどうやってできるかという話もあります。

湯飲みのお湯の観察から線香花火のしくみまで、身の回りのちょっとした現象に「不思議」と「なるほど」が詰まっていることを教えてくれます。

また、関東大震災の話や夏目漱石との交流の話なども入っていて、さまざまな興味をそそられる名著でしょう。

ステップ2
［次の1冊］

ファインマンのエッセイが読みやすい

有名な科学者のエッセイとして、ステップ2で紹介したいものに、**『ご冗談でしょう、ファインマンさん（上、下）』（リチャード・P・ファインマン／著　岩波現代文庫）**があります。

ファインマンは量子電磁力学の「くりこみ理論」というものを完成した米国の物理学者で、1965年にノーベル物理学賞を受賞しています。ちなみに、日本の朝永振一郎氏も同じ理論で受賞しました。

本作はファインマンが子どものときから執筆時に至るまでのエピソードを、軽妙な筆致で描くエッセイです。

自宅に実験室を作り、さまざまな実験を繰り返した、好奇心溢れる子ども時代。学友などとの交流のなかで自分なりの視点、考え方の基礎を作っていく学生時代、そして研究者になってからの活動……。

ファインマンの人生を追いながら、物事の本質を見極める目、柔軟で自由な思考、知的好奇心と探求心、それらの大切さに気づかされます。

おなじく岩波現代文庫から出ている『**困ります、ファインマンさん**』と併せて、一読の価値ある本だと思います。

中学や高校で習った物理や化学、生物、地学といった理科系科目を学び直したいという人には、理科の授業で使う副読本や図録のようなものが参考になるでしょう。

『**視覚でとらえるフォトサイエンス 生物図録**』（**鈴木孝仁／監修 数研出版**）をはじめ、『**化学図録**』『**物理図録**』『**地学図録**』は、写真やコンピュータ・グラフィックスを駆使し、視覚的に楽しみながら高校レベルの内容を理解できるようになっています。

また、少しレベルが上がりますが、高校の授業をもう一度学び直すには、講談社のブルーバックスシリーズが適しています。

ブルーバックスは講談社が刊行している自然科学系の新書シリーズです。一般読者向けに自然科学の各分野の内容を解説・啓蒙するもので、1963年に創刊されました。すでに2000点以上が刊行されていて、自然科学の世界に興味を持ち、その知識や情報を増やしたい一般の人たちに愛されてきた本です。

このシリーズを追っていくだけでも、相当の科学的知識が身につくでしょう。数年前から中学・高校の授業の内容を学び直すことがブームになり、ブルーバックスでも高校版を出しました。

『新しい高校物理の教科書』(山本明利、左巻健男/編著)、『新しい高校生物の教科書』(栃内新、左巻健男/編著)、『新しい高校化学の教科書』(左巻健男/編著)、『新しい高校地学の教科書』(杵島正洋、松本直記、左巻健男/編著)の4冊です。

4冊とも高校の理科系の授業の内容を、丁寧にわかりやすく解説しています。判型も新書サイズなので持ち運びにも便利です。電車のなかでも読みやすいのでお勧めです。

科学書のなかでも、宇宙論は人気の高いジャンルでしょう。

その宇宙論の中で、中級レベルとしてお勧めしたいのが**『宇宙は何でできているのか』（村山斉／著 幻冬舎新書）**です。

著者の村山さんは素粒子物理学が専門で、超対称性理論、ニュートリノを研究している気鋭の学者です。

原子や電子を作っている素粒子は、理論上対称するもう一つの素粒子が存在すると考えられています。存在するすべての素粒子に対になる素粒子があるとすると、それは現在知られている量の倍の数があることになるそうです。

ただし、まだその対になる素粒子は見つけられていません。あくまでも理論上、存在するのではないか。それが宇宙の誕生の秘密を解くカギとなります。

理論物理学の最先端を走る村山さんですが、その著書はいずれもわかりやすく、知的好奇心をくすぐる内容で人気があります。

本書はこれまでの物理学者の功績とその意義を改めて再確認しながら、現在の物理学の最先端の問題を解説していきます。村山さんのほかの書籍も含めて、この分野に興味のある人はぜひ目を通してみてください。

ステップ 3
［仕上げの1冊］

アメリカの大学の教科書で学ぶ

ステップ3では、相対性理論や量子力学、宇宙理論の数々、あるいは分子生物学や遺伝子学、ＡＩやデータ解析理論など、各分野での専門的な解説書を中心に読み進めていきます。

まず、生物学でお勧めなのが、**『カラー図解 アメリカ版 大学生物学の教科書』（デイヴィッド・サダヴァほか／著 講談社ブルーバックス）**です。

「細胞生物学」「分子遺伝学」「分子生物学」「進化生物学」「生態学」の5巻からなり、生物学の最先端の研究が網羅されています。

しかもすべてに素晴らしいグラフィックスが満載されていて、視覚的にも非常に情報量が多い本です。大学の教科書ですが、知識のない人もそれなりに視覚で楽しめます。

5巻すべてを読みこなすのは大変ですが、興味のある分野だけでも目を通すだけで生物学のいまがわかります。

1冊が1500円前後、5冊揃えても数千円です。なんというコストパフォーマンス。生物学の最先端に興味のある人は必携の書と言えるでしょう。

物理学の発見として、アインシュタインの相対性理論と並んで20世紀初頭の大発見とされているのが量子理論であり、そこから誕生したのが量子力学です。

その解説書として読んでおきたいのが、**『「量子論」を楽しむ本』（佐藤勝彦／監修 PHP文庫）**です。

量子論は、相対性理論に負けず劣らず難解です。

電子などの小さな粒子のレベルになると、実験観測によって観察することができません。なぜなら観測するには光を当てなければ見えず、電子や素粒子のような小さな物質は、それによって動きと位置が変わってしまうからです。

量子力学は、電子など小さな粒子の存在とその動きは、確率的にしか導けないということを前提に理論を構築していきます。

それが有効であることは、すでに現代の科学の最先端の分野で証明されているのですが、同時代に相対性理論で一躍有名になったアインシュタインは、量子力学の考え方に最後まで抵抗しました。

ニュートン以来の物理学の大前提は客観性です。

誰が見てもそこに物体の存在があり、何かしらの法則にもとづいた運動がある。物理現象には必ず原因があって、結果（現象）がある。その背後にある隠された法則（変数）を導き出すのが、物理学だと考えられていました。

量子力学は確率論に逃げ込むことで、科学の大前提の客観性も因果律も捨ててしまったというのが、アインシュタインの見方なんですね。「神はサイコロを振らない」というアインシュタインの量子力学に対する批判の言葉は有名です。

量子力学はその意味で大変ユニークな学問ですが、その面白さと特異性を一般の人にもわかりやすく解説したのが本書です。

本来ならステップ2の本かもしれませんが、量子力学という難解な分野を扱っているということでステップ3にしました。

ちなみに量子力学に関しては、先にも触れたノーベル物理学賞を受賞した朝永振一郎さんの著書に、**『量子力学と私』（岩波文庫）**があります。

当時、まだ日本ではそれほど研究者がいないなかで、苦労して量子力学を学んだ経緯や、自身の「くりこみ理論」や素粒子の世界をできる限り平易に語っています。

本作もステップ2に入れてもいいですが、話の流れとしてこちらで紹介しました。

『「ファインマン物理学」を読む　普及版　量子力学と相対性理論を中心として』(竹内薫／著　講談社ブルーバックス)

ファインマンは先ほどステップ2のところでも紹介しましたが、天才的な物理学者であると同時に、教育者としてもすぐれた人物でした。

彼が学生向けに書いた『**ファインマン物理学**』(**岩波書店**)は、その道を目指す学生にとってはバイブルというべき名著でした。

本来ならステップ3のところに、この『ファインマン物理学』を入れたいのですが、さすがに理系大学生向けの教科書であるため、一般的には難しすぎます。そこでこの歴史的名著を解説した竹内薫さんの本を紹介しました。

ファインマン物理学の面白さは、単に理論や数式ではなく、それが日常の現象や生活と結びついて考察されていることでしょう。

物理学というと構えてしまいがちですが、その本質は非常に身近な現象であり、その背後に隠れた法則を導き出す知性の楽しみを、ファインマンはその豊かな感性と表現力で示してくれているのです。

この本に次いで、シリーズで**『普及版　電磁気学を中心として』『普及版　力学と熱力学を中心として』**も刊行されています。併せて読むと物理学の楽しさ、面白さが伝わってくると思います。

ちなみに著者の竹内薫さんは、気鋭の科学ジャーナリストで、物理学や数学などの分野で難解な相対性理論や宇宙論、量子力学などをわかりやすく解説することで知られています。竹内さんの著作を追うだけでも、科学分野の知識は大変豊かになるのではないでしょうか。

最後に宇宙論の定番として、読んでおきたい本を挙げたいと思います。**『ホーキング、宇宙を語る　ビッグバンからブラックホールまで』（スティーヴン・ホーキング／著　ハヤカワ文庫ＮＦ）**です。

車いすの学者と呼ばれたホーキングさんはイギリスの理論物理学者で、ブラックホールの研究で有名です。

ブラックホールの特異点と呼ばれる存在を証明し、一般相対性理論と量子力学を結び付けた量子重力論を提唱するなど、新しい物理学の可能性を拓いた人物です。

ふつうの頭ではなかなか理解できない難しい領域を、やさしく解説する本書で、宇宙の謎とロマンに思いを馳せることができます。

興味がある人は、そこからさらに現代の宇宙論の最先端であるダークマターやダークエネルギーなどの理論の本へと読書を進めていくのがよいでしょう。

科学・宇宙の3ステップ

［ステップ 1］

↓

［ステップ 2］

↓

［ステップ 3］

数学ジャンル

数学という知の世界を段階的に体験していく読書の醍醐味

現代社会はネットやSNSでいろんな意見や情報が溢れていますから、見極めるための論理性が必要ですね。

普段から論理的にものを考えるクセをつけていないと、おかしなものに騙されたり、荒唐無稽な理論にハマってしまうこともあるでしょう。その意味でも「数学的思考」は、いまを生きる上で大変重要な思考と言えます。

とはいえ、数学の領域は高度なものになると、まったくついていけないということもあるでしょう。やはり段階を踏んで、簡単で読みやすい本から始めて、次第にレベルをアップしていくことが必要です。

ステップ **1**
［最初の1冊］

まずは文系でも理解できる入門書から

数学というと誰もが中学、高校のときに習った小難しい数式や、七面倒な証明問題などを思い出すかもしれません。

そのせいで数学が嫌いになって、理系じゃなくて文系に進んだという人も多いのではないでしょうか。

ただし、数学的なものの見方や考え方は、ビジネスはもちろんのこと、日常生活でも大いに役に立ちます。そして世の中の現象の多くが数学的な思考をもとに解釈され、表現されているのです。

数学の入門書として代表的なのは、数学者の秋山仁さんの諸作です。**『秋山仁のまだまだこんなところにも数学が』（扶桑社文庫）**など、たくさんの読みやすい上に内容が深い著作があります。

また、いまベストセラーになっている『**東大の先生！　文系の私に超わかりやすく数学を教えてください！**』（**西成活裕**／**著　かんき出版**）は、数学が苦手な人にも大変人気です。

拙書、『**数学的思考ができる人に世界はこう見えている　ガチ文系のための読む数学**』（**祥伝社**）は、日常のなかに見られる数学的な考え方をまとめた本です。

たとえば物事を分類する際によく使う４分割のマトリックスは、関数の４象限を利用したものです。また、さまざまな差異に注目するのは微分的思考です。

さらに、音楽はAメロ⇓Bメロ⇓Cメロと分解したものを積み重ねて作りますが、それは積分的な考え方と言えます。意識せずとも私たちは日常の生活や仕事のなかで、数学的な思考をしているわけです。

それを意識することで数学は、授業のなかだけの無機的な数字のやり取りではないことに気づくのではないでしょうか。数学の世界がより親しみ深く、なじみやすいものとして感じられるはずです。

『**数学者列伝　天才の栄光と挫折**』（**藤原正彦**／**著　文春文庫**）はニュートン、関孝和、ガロワなど、９人の数学者たちがたどった数奇な運命を、著者が現地まで足を延ばして回顧します。

著者の藤原正彦さんはベストセラー『国家の品格』で知られていますが、もともと数学者で、作家の新田次郎さんの息子さんです。

その藤原さんの本でもう一つ、『**世にも美しい数学入門**』（**藤原正彦、小川洋子／著　ちくまプリマー新書**）も紹介したい作品です。お二人の対談の中で、藤原さんは「数学は俳句に似ている」と指摘しています。

数学の美しさは、どこか洗練された文学的な美しさとも通じるものがあるのかもしれません。数学の苦手な文系の人でも楽しめる1冊です。

次に紹介するのは、『**数学的思考法——説明力を鍛えるヒント**』（**芳沢光雄／著　講談社現代新書**）です。著者の芳沢光雄さんは、日本人の論理力が年々下がっていることを懸念し、数学教育に力を入れている数学者です。

本書では数学的思考法の重要性を説きつつ、ビジネスはもちろん、身の回りで起こる政治問題や社会問題など、さまざまな問題を考えるときに数学的な論理力が役立つことを指摘しています。

新型コロナウイルスの報道においても、検査数と陽性者数の関係や、陽性者数と重症者数、死亡者数との関係などが明確でないことが多いように思います。

正しく理性的な判断と行動をするためにも、数学的思考、論理的思考が必要でしょう。

本書は、そんな思考力の大切さを理解する上でも大いに役に立つのではないでしょうか。

ステップ **2**
［次の1冊］

「最終定理」に向き合う数学者たちのドラマ

ステップ1では数学的知識がほとんどない人でも、なんとかついていけるレベルの本を選びました。続くステップ2では、多少数学的な知識をつけた上で読むと、それなりに理解できるものに進みたいと思います。

『とんでもなくおもしろい 仕事に役立つ数学』（西成活裕／著 角川ソフィア文庫）の著者の西沢先生は、数理物理学が専門で、渋滞学で有名な東大の先生ですね。

通勤ラッシュや宇宙ゴミなど身近な問題を数学的に分析し、その現象を読み解きます。一般の人向けにやさしく書いている本ですが、内容的には微分積分、三角関数、ゲーム理論やセルオートマトン理論など、数学の専門的理論が出てきますので中級者レベルとしました。

文系の人にはすべてはわからなくとも、全体として数学が世の中の現象をいかに説明しうるか、また、一般社会にどれだけ活用されているかがわかる好著でしょう。

『いかにして問題をとくか』(G・ポリア/著 丸善)は、問題解決の手法を数学的に解説した古典的な名著です。

ポリアはハンガリー出身の米国の数学者です。同著の日本語訳が出たのが1954年ですから、もう60年以上も前になります。しかし、その内容は時代を経ても色あせることのない普遍的なものになっています。

問題を解くためには、まず問題の意味を正確に把握することが肝要です。そもそものところで間違ってしまっては、問題解決は望めません。問題を正しく理解するためには、論理的な思考が不可欠となります。

その上でどのような解法によって、どう解いていくか。その手順を頭の中でアウトラインを描きながら、実際にそれに添って解いてみます。その結果うまくいかなかったら、どこに問題があるのかをもう一度検証して、修正して再度解決を試みます。

この考え方は、ビジネスの現場でもよく使われる「P（Plan＝計画）、D（Do＝実行）、C（Check＝評価）、A（Action＝改善）」のサイクルとそのまま重なります。数学の解法という視点を通しながら、あらゆる問題解決の方法を身につけるユニークな本です。

『素数の音楽』（マーカス・デュ・ソートイ／著　新潮文庫）という本があります。これは読み物が好きな人にお勧めの数学本です。

素数というのは1とそれ以外では割り切れない数のことで、1、2、3、5、7、11、13、17……と続くものです。

素数は不思議な魅力のある数で、昔から数学者たちを魅了しつづけてきました。そんな素数の魅力に引き込まれてしまった数学の天才たちの話を通じて、読者は不思議な数学の世界に足を踏み入れることになります。

素数に音楽を感じたドイツの数学者ベルンハルト・リーマンは、「リーマン予想」という数学史に残る難問を導き出し、やがて多くの天才数学者たちがその予想に一生を捧げ、ときに運命を狂わされていきます。

リーマン予想の内容は、とても私がここで解説できるようなシロモノではありません。懸賞金も掛けられていますが、100年以上たったいまも解明されていない難問です。

数字の持つ魔力と、人間の果敢な挑戦とそのロマン。読者はいつしかその激しい流れのなかに、どっぷりと身を投じている自分に気がつくことでしょう。

数学の本質と面白さには人間を魅了する何ものかがあります。数学者たちのストーリーを読みながら、それを十分に味わわせてくれる名著です。

同じく読み物として**『フェルマーの最終定理』（サイモン・シン／著 新潮文庫）**もぜひ読んでほしい1冊です。

フェルマーの最終定理とは、3以上の自然数nについて、$X^n+Y^n=Z^n$となる自然数の解は存在しないという定理のこと。フランスの数学者ピエール・ド・フェルマーが、自分が読んでいたギリシャ時代の数学書の余白に書いていた注釈が、死後出版されて有名になったものです。

先ほどのリーマン予想に比べて大変シンプルで、素人でもその問題の意味はわかります。フェルマーは「この定理に関して、私は驚くべき証明を見つけたが、この余白はそれを書くには狭すぎる」と書き残したままで、その内容については謎とされてきました。以来、360年もの間、さまざまな数学者がこの難問に取り組み、その過程でまたいろいろな理論や予想が生まれ、数学界を盛り上げてきたのです。そしてついに1995年、イギリスの数学者アンドリュー・ワイルズが証明を完成させます。

ワイルズ自身、数学者になったきっかけが子どもの頃に知ったフェルマーの最終定理だそうです。途中でほかの数理論の研究に邁進していたところ、運命に導かれるようにこの最終定理に向き合わざるを得なくなったという経緯があります。

著者のサイモン・シンはそんなワイルズの話だけでなく、なんとギリシャのピタゴラスの話から始まり、フェルマー、オイラー、ガロア、谷村・志村予想の両者など、最終定理と向き合う数学者たちの、さまざまな人間ドラマとして描き出します。

まさに知性の極北の戦いを描く壮大なストーリー。これだけの題材と数学者を扱いながら、難しい数式などはほとんど出てきません。数学初心者でもまったく抵抗なく楽しめる、素晴らしい作品になっています。

著者自身がケンブリッジ大学で素粒子物理学の博士号をとった人で、イギリスの放送局BBCのプロデューサーでもあります。

本書は番組でフェルマーの最終定理のドキュメンタリーを制作するなか、そのときの取材をもとに書かれたものです。

番組も大変な好評を博し、さまざまな賞を受賞しましたが、本書のわかりやすさも、なるほどテレビのプロデューサーならではと納得しました。

一読すれば必ずや引き込まれ、数学に対する見方が大きく変わることでしょう。

ステップ3
［仕上げの1冊］

日本人数学者の世紀の大発見に興奮する

　そもそも一般の読者が、数学者の書いた論文を理解することは到底できません。

　しかし、数学の理論自体を学ぶのではなく、それがどのような意味を持つのか、これまでの数学の歴史のなかでどのような意義があることなのかを知ることはできます。

　数学ジャンルの仕上げの1冊は、日本人数学者による世紀の大発見を通じて、それらを学ぶことができる本を紹介します。

『宇宙と宇宙をつなぐ数学　IUT理論の衝撃』（加藤文元／著　KADOKAWA）は、日本人であるならぜひ読んでおきたい1冊です。

　というのも、日本人の数学者で京都大学数理解析研究所の望月新一教授が、有名な数学問題のABC予想を解決したと表明したのです。

　ちなみに、現在も論文の審査がつづいており、まだ完全に認められているわけではありません。

しかし著者によれば、その証明を導くために望月さんが提唱したIUT（宇宙際タイヒミュラー）理論が、これまでの数学の大前提を覆すような大発見だというのです。

数学という分野において、その数学自体さえも根本から変えてしまいかねない世紀の大発見――。

それを日本人が成し遂げるかもしれないということなのですから、私たち日本人はもっと熱狂してもよさそうです。


たとえがふさわしいかどうかは別にして、米大リーグで活躍したイチローさんのことは日本人であれば誰もが知っていますね。

最近であればダルビッシュや田中将大、大谷翔平といった選手の活躍も知っているでしょう。

ところが、ABC予想という数学の超難問をついに解いたのではないか、という世界的なニュースにもかかわらず、このことがいま一つ知られていません。

たとえるならば、大谷選手が大リーグで投手として20勝をあげ、なおかつホームラン王も獲得するくらいの歴史的な快挙なわけです。

望月さんはABC予想という難問をIUT理論を用いて解いたのですが、本書ではABC予想云々よりも、この新しい理論がいかに斬新で画期的であるかを強調し、解説しています。


私たちが習った数学は、足し算と掛け算がセットになっていますね。3を5回足したら15という数になりますが、これは3×5と表せます。また、四則演算法則などで足し算と掛け算があったら掛け算から計算します。足し算と掛け算は同じ地平で扱われ、それが当たり前とされてきました。

ところが、望月さんはこの数学の常識と前提を、根本から覆します。

足し算の系と掛け算を分けてしまう。そして、それを再び変換して合わせるという作業をします。

詳しくは本作で確認していただきたいですが、望月さんが提唱した「宇宙際タイヒミュラー理論」の「宇宙際」とは、宇宙と宇宙を行き来するという意味で、その間で変換する理論が、数学者のタイヒミュラーが編み出したというタイヒミュラー変換なので、IUT

（宇宙際タイヒミュラー）理論というわけです。

この理論の内容も、またＡＢＣ予想の内容も、数学的に理解することは私たちには到底不可能でしょう。

ただし、これらが発見され証明されたことの意義は、私たちなりに理解することができます。

絶対的に正しいと考えられていた概念、当たり前に思われていた常識が相対化されていくことが知性の進化だと考えられます。

たとえばニュートン以前は、物体が上から下に落ちるのは当たり前だと考えられていました。ところがニュートンによって、それは重力が働いていて、引っ張られているからだとわかりました。

逆に言うならば、重力の働かない宇宙空間のようなところでは物体は上から下に落ちません。

つまり上下の概念、空間の概念が相対化されたわけです。

空間を相対化したニュートンが、絶対的だと考えたのが時間の流れです。時間はどこでも一定に流れるという前提があるからこそ、運動方程式が成り立ち、速度や加速度を導くことができました。

ところがその絶対を相対化したのがアインシュタインでした。アインシュタインは自らの相対性理論によって、光速に近いロケットのなかでは時間の進み方が地上に比べて遅くなると主張しました。

実際に人工衛星などに取り付けられた時計は、ほんのわずかですが、遅れることが明らかになっています。時間の流れは絶対ではなく、速度によって変化する相対的なものとなったわけです。

物理の法則は地球上に限られていた系から、ニュートンによって宇宙空間にまで広がり、アインシュタインによって時間すらも相対化される広大な系に広がっていったわけです。知性の進歩というのは、それまでの理論の系を包含する、より大きな系が生まれること、と言い換えてもいいかもしれません。

その意味でこれまでの数学の前提を覆すＩＵＴ理論は、数学そのもののこれまでの系を超える、大きな系の誕生かもしれません。

式や計算、証明の詳細を数学者のように理解することはできません。ですが、文系の私たちはその意義を、さまざまな文脈のなかで理解し、解釈することはできます。

知性が新しい段階に入ったときの興奮を、数学者と一緒になって感じることができる本です。

数学の3ステップ

［ステップ 1］

↓

［ステップ 2］

↓

［ステップ 3］

宗教ジャンル

私たちはどう生きるべきか。宗教を正しく知ることで真理に近づく

世界にはさまざまな宗教があります。

日本人は宗教に関してかなりゆるいといいますか、アバウトな部分がありますが、世界では宗教の教義や掟、習慣などを厳密に守っている国や地域もあります。

国際化で世界のいろいろな地域の人々とつき合うときに、相手がどのような宗教に属しているか、それがどのようなものかを知っておくことは大切です。

世界にどんな宗教があるか？　その教義や成り立ちなどを知っておくことはとてもプラスになります。

自分たちが何者かを知る上でも役立ちますよね。

まずは最初のステップで、その基礎知識を身につけていきましょう。

ステップ1
［最初の1冊］

世界の宗教の知識を1冊でつかむ

世界の宗教の全体像をつかむ上でお勧めしたいのが、『**徹底図解 世界の宗教**』（**島崎晋／著 新星出版社**）です。

古代宗教から始まり、仏教、キリスト教、イスラム教、それぞれの宗教で、「開祖」「歴史」「聖典」「教義」「美術」などの項目がページ単位でまとめられています。

いずれも写真や図版、年表などがたくさん載っていて、各宗教の全貌がつかめる構成になっています。

宗教というのは身近なようでいて、意外に知らないものです。とくにイスラム教とかユダヤ教となるとなじみがありません。しかしいまの世界の成り立ちとか、国際問題を考える上でも、宗教を知っておくことはとても大事でしょう。

たとえばイスラム教でもスンナ派とシーア派の違いがどういうものか。第一次世界大戦以降のイスラム社会とイスラエルの関係で、中東戦争の歴史はどうなっているかなど、この本を読めばかなり理解することができます。

この1冊があれば、ほぼ世界の宗教の成り立ちから歴史、さまざまな違いと問題点などがわかるようになっています。手元にあれば何かと役に立つでしょう。


同じような図解ものは各社から出ているのですが、書店で見比べてみて、自分に合ったものを購入するといいと思います。

それぞれの宗教をもっと詳しく知りたい場合は、図解シリーズで各宗教をテーマにした本が出ていますね。ナツメ社、日本文芸社などが代表的でしょう。

『史上最強 図解仏教入門』（保坂俊司／監修 ナツメ社）、**『面白いほどよくわかるイスラーム』**（青柳かおる／著 塩尻和子／監修 日本文芸社）といった本です。

いずれも見開き単位でテーマを掲げながら、図や写真、イラスト、表などを多用して読みやすく編集されています。

仏教などは日頃なじみがあるようで、詳しいことをほとんど知りません。ブッダの誕生から生涯、仏教の教えや伝播の仕方、各国でどのように変化していったかなど、かなり詳しく知ることができます。

また、イスラム教やユダヤ教などなじみの薄い宗教に関しても、かなりの知識を得ることができます。

難しい本をいきなり読む前に、ぜひこれらの図解ものを入門書として読むことをお勧めします。

ステップ 2

［次の1冊］

ブッダや空海の生の声を聞ける本

「図解」もので宗教の基礎知識を身につけたら、「新書」を主に利用してさらに知識を増やしていきましょう。

図解ものは、図や絵が多くて逆にどうもしっくりこないという人もいると思います。そういう人にも、宗教関連のお勧めの新書はたくさんあります。

まず宗教全体を網羅的に把握したいなら、**『教養としての宗教入門 基礎から学べる信仰と文化』（中村圭志／著 中公新書）**がいいでしょう。

著者は序章で、いきなり「神仏」の違いを論じます。確かに私たちは「神も仏もいない」と思わず嘆いたりしますが、そもそも神と仏とはどういうもので、どう違うのかをあまり考えたことがないかもしれません。

著者は日本の神道の系譜のような八百万の神と、キリスト教のような一神教の神、そして仏教の最高の存在とされているブッダの違いを論じます。

結論から言うと、ブッダは覚者であり、最高の知性の持ち主なんですね。ガウタマ・シッダールタが7年間の激しい修行の末、菩提樹の木の下で悟りを得てブッダとなった。ですから、そもそも人間なわけです。

仏教ではブッダを最高の存在として、それまでヒンドゥー教で信じられていた梵天など、神々より上の存在とします。

シッダールタは悟りを得ますが、「私の教えは人々に理解されることはないだろう。世の流れに反するだろう」と言って、教えを封印しようとしました。

そこにヒンドゥー教の最高神の一人である梵天が現れます。そして、どうかその教えを衆生に広めてくださいと、ひたすら懇願した（梵天勧請）。このエピソードによって、仏教においてブッダが神より上の存在だとされることがよくわかると思います。


煩悩を捨て去り、悟りを得ることで誰もがブッダになることができる。それが仏教です。

ということは、人間は誰でも悟りによって、創造神よりも上になれるということです。

こんなことはその他の宗教、とくに一神教のユダヤ教やキリスト教では、断じてあり得ません。創造主と私たち人間はまったく別もの、全知全能の神に人間が比すことなど考えられないわけです。

ところが、仏教では人間が神になるどころか、その上にいってしまう！

仏教というのは天地をひっくり返す、革命的な教えだったわけです。シッダールタが「世の流れに反する」と封印しようとしたのも頷けますね。

著者は冒頭で神と仏の違いをこのように対比させ、読者の関心を引き起こしてくれます。そして世界の宗教を紹介し、対比させながら、その違いと共通点を論じていきます。いわゆる客観的な宗教学に近い立場での分析です。

面白い指摘が、各宗教の「怒り」に対する教えです。本書にならってその部分を抜粋してみますとこうなります。

「怒らないことによって怒りにうち勝て」（仏教・法句教）

「肉の業は明らかです。それは、姦淫、わいせつ、好色、（中略）怒り、利己心…（後略）」（キリスト教・新約聖書）

「みな争って神様のお赦しを手に入れるように努めよ。（中略）それは嬉しいときも悲しいときもよく喜捨を出し、怒りを抑え、（後略）」（イスラム教・コーラン）

「いずれも怒らないで自己コントロールを利かしている人を、信者の理想としている」と、著者は指摘しています。

このように、各宗教を対比させながらそれらの特徴をあぶりだし、より理解を深めることができるのが本書の特徴でしょう。

さらに宗教には文化的なレベル（薄い宗教）と信仰としてのレベル（濃い宗教）があることや、その上で、それぞれの宗教と現代社会がどうかかわっているかについての論考があります。

宗教に関する知識を、単に雑学的なもので終わらせるのではなく、それらを関連付けた生きた知恵として身につける。まさにタイトルどおり「教養としての宗教」を身につけることができる好著だと思います。

そのほかにも中級レベルの宗教の新書として、『**世界の宗教がざっくりわかる**』（**島田裕巳／著 新潮新書**）、『**聖書、コーラン、仏典 原典から宗教の本質をさぐる**』（**中村圭志／著 中公新書**）、『**イスラーム思想を読みとく**』（**松山洋平／著 ちくま新書**）、『**ユダヤ人とユダヤ教**』（**市川裕／著 岩波新書**）など、よい新書がたくさん出ています。

原典でも比較的読みやすいものがいくつかあります。岩波文庫から出ている『**ブッダの**

ことば』『ブッダの真理のことば・感興のことば』『ブッダ最後の旅』（すべて中村元訳）は、いずれもブッダの生の声が聞ける貴重な本です。しかもブッダの言葉は短く、難しい言い回しはありません。

ブッダの言葉とされるこれらの原典の特徴の一つに、比喩表現が多用されていることがあります。

近代以降の私たちはどうしてもロジカルに物事を理解しようとする癖がついています。でも、それ以前の人たちは理屈で理解するよりも、比喩で理解することになじんでいたのかもしれませんね。

実際に、『ブッダのことば』の第1章「蛇の章」の「犀《さい》の角」の比喩をいくつか見てみましょう。

「あらゆる生きものに対して暴力を加えることなく、あらゆる生きもののいずれをも悩ますことなく、また子を欲するなかれ。況んや朋友をや。犀の角のようにただ独り歩め」

「交わりをしたならば愛情が生ずる。愛情にしたがってこの苦しみが起こる。愛情から禍いの生じることを観察して、犀の角のようにただ独り歩め」

「犀の角のようにただ独り歩め」という比喩が独特ですね。そしてなんとも力強い。犀の角というのは太く、1本だけ生えています。そういう太い角のように、一人で生きる力を持ちなさいということです。この比喩で結ばれる文章が延々羅列されます。

それにしても人との交わりを断て、友人や子どもを欲するなというのは、私たちの感覚からしたら過激です。俗世を捨てる、出家するということ、つまりブッダを目指すというのは、そういうことなのでしょう。

しかし私などは、SNSやインターネットがこれだけ発達し、ある意味過剰なつながりとしがらみで窮屈になっているいまの社会と人間関係を見ますと、むしろ一般の人こそ、これらの言葉が参考になるのではないかと思えてきます。まさにそんな言葉が以下のものです。

「仲間の中におれば、休むにも、立つにも、行くにも、旅するにも、つねにひとに呼びかけられる。他人に従属しない独立自由をめざして、犀の角のようにただ独り歩め」

SNSで四六時中他者とつながり、何をするにもいろんな人の反応がある。いつしかそれがないと不安になってしまう。そんな現在の私たちの状況を、2000年前にタイムマシンか何かで見たような言葉だと思いませんか?

〝SNS疲れ〟という言葉がもはや古く感じるくらい当たり前になっているいまの時代、まったく価値観の違う仏教的な視点、「犀の角のようにただ独り歩め」という言葉が、妙に腑に落ちる感じがします。

現代社会で暮らす私たちは、残念ながらブッダのように煩悩を断つことは難しいのですが、まったく違う視点と価値観を持つことが、むしろ思考と感覚に厚みを持たせ、たくましく生きる力につながるかもしれません。


世俗を断ち、覚者を目指すブッダの教えは、徹底しています。しかし『**ブッダ最後の旅**』を読むと、ブッダの素朴で優しい顔が見えてきます。文庫で100ページほどですから、おそらく2時間もあれば読めてしまいます。

80歳という高齢になったブッダは、アーナンダという弟子を連れて生まれ故郷のカピラヴァストゥに向かって旅に出ます。その途中のパーヴァという街に着いたとき、鍛冶工の息子チュンダがブッダを家に招き食事を施します。

そのときのキノコ料理にあたったようで、ブッダは具合を悪くしてしまいます。高齢であり、死期を悟ったブッダはチュンダを非難するどころか、むしろ気を遣います。「チュンダの施しは悪いものではない。最後の供養の食物を供したのだから、大いに功徳を積んだのだ」という言葉を本人に伝えるよう、アーナンダに託します。

自分の死を前にしても、その原因を作った相手を思いやる。ブッダの優しさと大きさがグッと沁みてくる感じがします。

「ただ独り歩め」と檄を飛ばすいっぽうで、この優しさと温かさに思わずシビレる。多くの人に慕われ、尊敬されたことがわかる気がします。

若き弟子のアーナンダは、臨終を迎える尊師を前に号泣します。そのアーナンダにブッダは諭します。

「アーナンダよ、泣くのはやめなさい。いつか私が言ったではないか。この世に生きるものは皆、親しいものと生き別れるときがくると。それがこの世の定めなのだ。アーナンダよ、あなたは本当に長きにわたって、よく私に仕えてくれた。あなたの優しい心にいつも感謝していたのだよ。どうか私の亡き後も、私の説いた説法と戒律を、師と思い励みなさい」

イエスのような激しく劇的な死ではありません。優しく教え諭し、息を引き取ります。そのとき、ブッダが身を横たえていたサーラ双樹の木から白い花が降り注いだといいます。美しく静かな死です。

2500年前のブッダその人の言動が記されている書物を、私たちはすぐに目にすることができます。宝のような言葉が近くにあるのに、それに触れようとしないのは、なんとももったいない。SNSやゲームに費やす時間を少し削って、ぜひ触れてみたい古典の一つです。

宗教関係の本では、このように原典でありながら読みやすい本がいくつかあります。たとえば親鸞の**『歎異抄』**や**『正法眼蔵随聞記』（水野弥穂子／訳 ちくま学芸文庫）**、**『臨済録』（入矢義高／著 岩波文庫）**など、ぜひ一読してみてください。

なかでも私のお勧めは、空海自身が般若心経について解説している、**『空海「般若心経秘鍵」』（空海／著 加藤精一／編 角川ソフィア文庫）**です。

大乗仏教で最も古い経典の一つと言われている般若経ですが、般若心経とはそれをわかりやすくコンパクトにしたもので、わずか300字程度の短いものです。天台宗や真言宗などで読経される比較的なじみのあるお経です。

空海によれば、その最初のほとんどは色即是空、空即是色など、この世は移り行くはかないものだとする「空論」だというのですね。

真言（マントラ）として大切なのは、最後の「ぎゃーてぃ、ぎゃーてぃ、はらぎゃーてぃ」の数行である、と。

真言宗的には、最後のマントラを唱えれば彼岸に行けるのだよ、とあの弘法大師ご自身が解説してくれている。なんとも感動的でありがたい本なのです。

文章も短く、文庫としても薄いので、原典ですが十分に読み切れます。1000年以上のときを超えて空海の肉声に触れるようなありがたさを感じる1冊です。

ステップ3
［仕上げの1冊］

世界的な権威、エリアーデの著作で締める

宗教に関する仕上げの1冊としては、ミルチア・エリアーデの著作を紹介しましょう。

エリアーデはルーマニア出身の宗教学者、歴史学者、民俗学者であり、幻想文学の作家でもあった非常に多彩な人です。

戦後の宗教学の分野の世界的な権威でもあり、宗教学を学ぶ学生にとって、エリアーデの著作はバイブルのようなものでした。

エリアーデの著作まで行きついたとしますと、宗教を教養として学ぶ人間としては、最後の扉を叩いたかな、という感じだと思います。

著作はたくさんあるのですが、**『聖と俗』（ミルチア・エリアーデ／著 法政大学出版局）**は代表的なものの一つでしょう。

一神教、多神教、アニミズム……世界のすべての宗教に共通しているのが「聖なるもの」

の顕現だとエリアーデは指摘します。

キリスト教では教会は神聖なる場所です。そこは神が降り立つ神聖な場所であり、人間と神が神父や牧師を通じて向き合うことができる場所とされています。

日本の場合は、神社仏閣は神聖な場所とされています。また、ひと昔前の家には必ず仏壇があり、神棚がしつらえてありました。そこは家のなかでも、仏や神が降臨する神聖な場所だったのです。

さらに大昔の社会では、石や大木、山や川などの自然に神が宿っているとされ、神聖なものとして崇められました。いわゆるアニミズム的な世界観がありました。


それに対して、現代社会はその聖なる領域がどんどん狭められ、なくなっていく社会だとエリアーデは指摘します。

反対に、俗なるものがどんどん広がっていく。たしかに都会のマンション生活では、ちゃんとした仏壇も神棚もない家が多いでしょう。

エリアーデは民俗学者でもありましたから、未開部族の人たちの生活風習を通じて、彼らの聖と俗の考え方を検証していきました。それによると、彼らは日常の生活全般にさえ、神聖なる意義と領域を見出していました。

現代人にとって聖なるものが非日常であり、俗なるものが日常であるのに対し、未開部族の人たちは聖なるものが日常であり、俗なるものほど非日常だったと指摘します。食事や遊び、性生活に至るまで、彼らは神聖なるものとのつながりを意識し、イニシエーション化する。現代人には単なる欲望の追求にすぎないことが、彼らにとっては神とつながり得る神聖なものとなるのです。

こうなりますと、いったいどちらが未開人なのかわからなくなりませんか？

聖なるものを重んじ、あらゆるものに聖なる存在を見た未開人や古代の人たちは、つねに宇宙を意識し、それとつながっていました。

それに対し、俗なるものに囲まれた私たちの世界は、エリアーデに言わせるとこうです。

「本当の意味で〈世界〉はもはや存在しない。あるものはただ粉々になった宇宙の断片であり、人間が工業化社会の中の生活の義務に追われてあちこち動き回る、無限に多数の、多かれ少なかれ中性的な〈場所〉の無定形な集まりにすぎないのである」

現代社会に生きる私たちはテクノロジーの進歩でいかにも進んだ生活をしているように考えていますが、じつは見方を変えると、宇宙の断片を虚しくさまよっている存在にすぎないのかもしれません。

歴史と社会、文明を相対化し、より広い視野を持つために、エリアーデの著作は大きなきっかけとなるでしょう。

そのほかにもエリアーデにはたくさんの著作がありますが、**『世界宗教史』（ちくま学芸文庫）**は全8巻の大作です。興味と余裕があれば挑戦してみる価値は十分あります。

宗教の
3ステップ

［ステップ 1］

⬇

［ステップ 2］

⬇

［ステップ 3］

歴史ジャンル

歴史は人間を知る最良の教科書。全体から部分へ深めていく

歴史ジャンルはいつの時代も人気があるのですが、近年さまざまな出版物が出るなかで、新たな歴史ブームが来ているように感じます。

その一つの流れとして、高校の歴史教科書の内容をもう一度読み直すというものがあります。

代表的なものが、教科書を扱う山川出版社の「もういちど読む」シリーズでしょう。**『もういちど読む　山川日本史』（五味文彦、鳥海靖／著）**や、**『もういちど読む　山川世界史』（「世界の歴史」編集委員会／編）**などです。

実際、教科書というのは大変良く作られたテキストです。歴史の入門書として、その概

略をつかむ場合に、これ以上の良書はないと言ってよいでしょう。
まずはここをスタート地点として読み進めていくのが妥当でしょう。

ステップ1
［最初の1冊］

高校の教科書や図録でもう一度学ぶ

歴史をもう一度学び直すという意味では、東洋経済の「いっきに学び直す」シリーズや日本実業出版の「早わかり」シリーズなど同様のシリーズが出ていますね。

また新書でも、ちくま新書から『**やりなおし高校日本史**』（**野澤道生／著**）、『**やりなおし高校世界史**』（**津野田興一／著**）などが出ています。

高校の頃を懐かしみながら、歴史を再び基礎から学び直すわけです。

なかには、昔と表記が異なるものもあります。たとえば「大和朝廷」という言葉は、8世紀以降から使われた言葉であることがわかったため、現在は「ヤマト政権（王権）」という表記になっています。
源頼朝であるとされた肖像画が、どうやら足利直義のものらしいということで、「伝源頼朝像」となっているなど、その後の学問の進捗で変わったものがあるのを発見するのも面白いでしょう。

歴史を学ぶ上で、図録はやはり欠かせません。文字だけですと、どうしても理解が進まないのですが、写真や図、年表と併せることで驚くくらい理解できます。やはり、これも高校の副読本が大変良くできております。

『山川　詳説日本史図録』（**詳説日本史図録編集委員会／編　山川出版社**）、**『山川　詳説世界史図録』**（**詳説世界史図録編集委員会／編著　山川出版社**）が出ていますが、こちらも各社から似たようなものが出されていますので、書店で比較検討して購入してください。

いずれにしても、これらの図録は大変充実しておりまして、コストパフォーマンス的には非常に素晴らしい内容になっていると思います。

あとは、子どもの歴史の勉強に使いたいと考えている方は、**『角川まんが学習シリーズ　日本の歴史』**（**山本博文／監修　ＫＡＤＯＫＡＷＡ**）が大変によくできたシリーズになっています。子ども向けですが、大人が日本史の全体を理解するのにも大いに役立つものとなっています。

大人が漫画を通じて学ぶという意味では、**『集英社 まんが版 日本の歴史全10巻セット』（集英社文庫）**などもあります。文庫なので文字が小さく、目が悪い人には少し辛いかもしれません。しかし、内容はかなり詳細です。

ステップ 2
［次の1冊］

断片的な知識ではなく流れでとらえる

もう少しレベルを上げて、歴史の詳細が知りたいという人は、**『詳説日本史研究』（佐藤信ほか／編 山川出版社）**、**『詳説世界史研究』（木村靖二ほか／編 山川出版社）**が役に立つと思います。

高校レベルよりは上で、かなり専門的な知識が盛り込まれています。これに先ほどの

『日本史図録』や『世界史図録』を副読本にして学べば、かなりの知識が身につくはずです。

歴史の知識を増やすということと同時に、歴史に対する見方、考え方を学ぶことも大切です。教科書的な歴史を基礎として学んだ上で、それとは違った視点や解釈で歴史を読み説くというのも、歴史の面白さ、醍醐味の一つでしょう。

その意味でお勧めなのが、**『日本の歴史をよみなおす』（網野善彦／著　ちくま学芸文庫）**です。この本には、日本の縄文時代にすでに稲作が行われていた話や、南北朝の動乱の裏話など、歴史の教科書には載っていない話がたくさん出てきます。

当たり前だと思っていた歴史事実にも、じつはまったく別の見方、視点があるということがわかり、歴史を見る目が重層的になり、目を開かれる1冊になるでしょう。

『教養としての「世界史」の読み方』（本村凌二／著　PHP研究所）は、これまでの世界の歴史や文化、文明を比較しながら、それぞれの価値や位置づけ、関連性などが立体的にわかる内容になっています。

歴史を知識やデータの羅列ではなく、一つの関連した有機的な流れとして捉える。まさにタイトルの「教養としての」というにふさわしい内容になっています。

『教養としての「ローマ史」の読み方』（本村凌二／著）、**『教養としての「フランス史」の読み方』（福井憲彦／著）**などのシリーズになっていて、興味のある人はそれぞれのテーマで教養を深めることができます。

中国史では、宮崎市定さんの**『中国史』（岩波文庫）**、**『アジア史概説』（中公文庫プレミアム）**、**『科挙』（中公新書）**などは、読むと新たな視点が得られます。

同じような教養的な切り口として、**『仕事に効く教養としての「世界史」』（出口治明／著 祥伝社）**があります。

著者の出口さんはライフネット生命保険株式会社の創業者であり、また立命館アジア太平洋大学の学長でもあります。

「歴史は人間を知るための最良の教科書だ」という出口さんは、歴史を読み説くことでいまの社会、そして人間そのものの本質を知ることができると断言します。

その独特の切り口と解釈で、世界史から現代を読み解く視点を養うのに最良の1冊だと思います。

ステップ 3
[仕上げの1冊]

人類の起源、進化を巨編で読む

日本の通史を詳しく勉強したい、極めたいという人には『**全集 日本の歴史16巻セット**』(**小学館**)がお勧めです。第1巻『**列島創成記**』(**松木武彦/著**)から第16巻『**豊かさへの渇望**』(**荒川章二/監修**)まで、各時代ごとをテーマ化して編集されています。

また、古典的な定番としては『**岩波講座 日本通史 全21巻**』(**岩波書店**)があります。通史として極めるのであれば思い切って購入するのもいいでしょう。

世界史については、『**世界の歴史**』(**中公文庫**)シリーズが定評があります。15巻目の『**成熟のイスラーム社会**』(**永田雄三、羽田正/著**)から読み始めるなど、気になる1冊からスタートするのもいいでしょう。マクニールの『**世界史 上・下**』(**中公文庫**)もベストセラーになりました。

ステップ3では、少し毛色の変わった歴史本をまずは紹介しましょう。歴史というよりも、最近はとくに人類史的な視点からの本が流行っているようです。

『銃・病原菌・鉄』（ジャレド・ダイアモンド／著 草思社文庫）は、なぜ西洋文明がほかの民族を圧倒し、それが伝播していったかを、進化生物学、生物地理学、人類学、言語学などの広範な知見に基づいて論考した本です。

ピューリッツァー賞、国際コスモス賞などを受賞した話題作が、上下の文庫本となりました。大変長い記述で、繰り返し論証を重ねていくので、まず読み切る力が必要になりますが、人類史を広範な角度から読み解く著者の姿勢に感嘆するでしょう。

人類史本として最近とくに売れているのがユヴァル・ノア・ハラリの著作でしょう。**『サピエンス全史 上・下』（河出書房新社）**は、世界各国で800万部を超える大ベストセラーとなりました。

上巻の第1部「認知革命」で、人類が進歩発展した歴史には虚構＝物事を作り出す認知的な進化が関係していると明らかにします。

たとえば天敵の存在に関して、それが危険な存在であり、近づいていることを知らせることは、人間だけでなくさまざまな動物たちが日常的に行っています。

動物と人間の違いは、人間はその危険な存在が自分たちの守護神であるとか、神の使いであるというような、独自の物語、虚構を作り上げることができるということ。

この虚構を作り上げる能力が、社会を一つにまとめ上げ、組織を作り、農耕を通じて大きな社会や、貨幣や経済活動を作り上げることにつながっていく。そして科学革命によって人類はいままた新しい局面に向かいつつある、とハラリは指摘します。

つづいて出版された『**ホモ・デウス**』（**河出書房新社**）では、これまで人類の敵であった「飢え」「戦争」「疫病」のいずれもがテクノロジーの進歩によって克服されつつあると指摘します。

敵を克服した人類は、その科学技術の進歩もあり、不死を目指し、神となることを目指すだろうと予測します。ただし、最後の最後に意外なドンデン返しが待っているかもしれないと警鐘を鳴らしています。

ちなみにこの本が刊行されたのは２０１６年です。ご存じの通り２０２０年に入って世界各国に蔓延した新型コロナウイルスによって、疫病は再び人類の敵としてクローズアップされた感があります。

ただし、これもハラリによればいずれはワクチンなどの開発によって、克服されるだろうと予想しています。そして彼の危惧していたドンデン返しが、コロナ禍によっていっそう前倒しで起こるかもしれないとNHKのインタビューに答えています。

ドンデン返しとは、AIの進化による完全な管理&監視社会であり、人間が自ら作り出したテクノロジーによって、神の座からあっという間に滑り落ちるという皮肉なのです。

ハラリの思考は豊富な知識と柔軟な思考によって、自由に飛び回り、私たちの想像力と知識欲を刺激してくれます。

上級者レベルになりますと、歴史学者の書いた本を中心に読書を広げていくのがよいかと思います。

『ローマの歴史』（モンタネッリ／著 中公文庫）は、西洋の歴史を知る上でも参考になる1冊です。なんだかんだといってもギリシャにつづくローマの時代は、いまの西洋の根幹をなしているものだと思います。私は10代の最後、浪人時代になぜかこの本を読んでハマりまして、西洋の歴史に対する目を開かれました。

同じくモンタネッリとジェルヴァーゾの共著による**『ルネサンスの歴史 上・下』（中公**

文庫）もお勧めです。

自治都市時代のイタリアの300年間は、政治経済、文化ともに隆盛を極めた時代でした。とくに芸術関係では人間復興と呼ばれるルネサンスが勃興し、西洋文化の一つの頂点が生まれました。

そんなルネサンスの歴史的な位置づけを、一流の歴史家たちが考察します。

『ハドリアヌス帝の回想』（マルグリット・ユルスナール／著　白水社）は、先ほど紹介した出口治明さんが推薦している本です。

著者のユルスナールは文学者で、本著作は歴史小説なのですが、ローマ時代を生きたハドリアヌス帝のスケールの大きいストーリーが、当時の様子を生き生きとよみがえらせます。歴史の書としても価値ある本です。

歴史と哲学の間という意味では、**『自省録』（マルクスアウレーリウス／著　岩波文庫）**もいいですね。

マルクスアウレーリウスはローマの皇帝で鉄人、賢人と呼ばれた人物です。権力の頂点に立ちながら、つねに内省を繰り返し、自己を見つめつづけた人の集大成です。

歴史書というよりも哲学書なのですが、ローマ時代の賢人と呼ばれた人の書を読むことで、ローマ時代の空気を味わうことができます。

西洋の歴史の大家であるフェルナン・ブローデルという人の著作も、中世の地中海文化と歴史を考える上で役に立ちます。入門書的には**『歴史入門』（中公文庫）**がいいでしょう。短い本なので苦労せずに読めるのではないでしょうか。

上級者編として、大著**『地中海』（藤原書店）**に挑戦してみてはどうでしょうか。地中海を中心にしたヨーロッパの歴史が、ブローデルの雄渾な筆致で浮かび上がります。

歴史の3ステップ

［ステップ 1］

［ステップ 2］

［ステップ 3］

文学ジャンル

文学史、文学の系譜を頭に入れてから個別の作品に進む

文学は小説にしても詩のような芸術性の高いものにしても、とくに難しくて歯が立たないというものはほとんどありません。

古文や漢文など、現代語とは異なる言葉を使う場合は別にして、基本的には興味のあるものからどんどん読んでいくというのが、文学ジャンルの読み方だと思います。

とはいえ、文学の系譜や文学史などが頭に入っていると理解はより進みます。

たとえば、18世紀ドイツの文学はゲーテとシラーの二大巨頭によって古典主義文学が完成します。彼らはまた個人の自由な感情の発露を重んじ、後のロマン主義への架け橋ともなります。

その後19世紀半ばくらいまでは、ヴィクトル・ユゴーやバイロン、ウォルター・スコットなど各国でロマン主義文学が花開きます。古典主義の均衡美を乗り越えるべく、幻想的で感情的な表現が重んじられました。

そして19世紀半ば以降は、自然科学の発展や資本主義の発達で社会が大きく変わるなか、ロマン主義の反動もあって、写実主義や自然主義が台頭してきます。主観的な表現や感情的な表現をできるだけ排し、客観的な描写を徹底します。

スタンダールやバルザック、その後フローベールやモーパッサン、といったフランス文学が隆盛します。またロシアではゴーゴリやドストエフスキー、ツルゲーネフやチェーホフといった面々が活躍します。

文学ジャンルにおいては、このような文学史、文学の系譜が頭に入っていると、その作家の作品の狙いや特徴がより鮮明にわかると思います。

ステップ1
［最初の1冊］

まずは漫画や入門書で全体像を把握

文学が世のなかですぐに役立つかといえば、決してそうは言えません。経済学や経営学のように仕事ですぐに役立つものでも、それを読んだからといって人間関係がいきなりうまくいく、というようなものでもないでしょう。

ただし、文学は物語を通じて、人間の多様な生き方や考え方を知ることができます。そして、さまざまな疑似体験を通じて、人生をより豊かにしてくれるものだと思います。

『文学入門』（桑原武夫／著　岩波新書）は、そんな文学の意味や意義、価値を知る上で大きな力になる本です。

巻末には「名作50選」があり、これから文学を読もうとする人にとって大変良い道しるべとなるでしょう。

もう70年も前に出版された本ですが、その内容は普遍的で、少しも色あせていません。文学に触れたい人は一読の価値があると思います。

子どもに読ませる、あるいは子どもと一緒に読むという意味で面白いのが、漫画シリーズです。イースト・プレスから出ている『**まんがで読破**』シリーズは、古今東西の主要な名作が漫画で網羅されています。

漫画で作品の内容を把握した上で、原著にあたる。

子どもだけでなく大人にとっても、いきなり原著を読むよりも、はるかに理解が早く、深くなるでしょう。

文学史を理解し、その系譜と流れを知るという意味で、各種の図録や高校の現代国語の便覧などは役に立つと思います。

『**ビジュアルカラー 国語便覧**』（**大修館書店編集部**／編 **大修館書店**）は日本の古典文学から近現代文学まで、その系譜と作家を学ぶ上でとても参考になる便覧です。

同様の便覧は他の出版社からも出ていますので、書店などで比較しながら、自分に合ったものを選んでください。

ステップ 2
［次の1冊］

文豪の人となりを知ることで興味が増す

文学の面白さを知る意味で、文豪の小説論を読むのは非常に参考になります。自分自身が作家であり、文学のファンである彼らは、独自の視点で文学を語っています。

お勧めは**『世界の十大小説 上・下』（サマセット・モーム／著 岩波文庫）**です。短編の世界的作家であるモームは、同時に文学の愛好家でもありました。

この著作は彼のそんな文学愛がほとばしるような作品です。みずから古今東西の小説を10作品選び、紹介しています。

しかも単なる紹介にとどまらず、作品の良さだけでなく欠点を指摘します。そして作家の破綻した性格や日常の行動なども書いています。

古典的な文学というと、なにやら堅苦しく、一見厳格なものに思われがちですが、さにあらず。

じつは作家たちってこんなとんでもない人であり、だからこそこれだけの名作を書き留めることができたんだよと、モーム自身が興奮して熱く語っている感じがします。文学にはさほど興味がないという人でも、このモームの著書を読めば、ちょっと作品を読んでみようかという気になるかもしれません。

ちなみにモームには、おなじく岩波文庫から『**読書案内**』が出ています。こちらも併せて読んでみるとよいでしょう。

最近の作家を知るには、『**池澤夏樹の世界文学ワンダーランド**』(**池澤夏樹**/**著　日本放送出版協会**) などが参考になるでしょう。これは『NHK知る楽』のムックで2009年10月—11月号です。

第2次大戦後、世界が大きく変わるなかで、新しい時代の新たな「世界文学全集」を選択したものです。

戦後の名作と呼ばれる作品を中心に、池澤さんの感性が光っています。

ステップ3
[仕上げの1冊]

世界の文学者を総まとめ

ステップ3は、私も日本版の監修としてかかわったのですが、**『図鑑 世界の文学者』(ピーター・ヒューム/著 東京書籍)**という本を紹介させてください。

本作は、18世紀以前、19世紀前期・後期、20世紀前期・中期と現代という時代の区分のなかで、とくに重要だと思われる作家をヒュームが選出、その人となりや作風、代表作などを解説したものです。

作家の肖像画や写真を左ページで大きく紹介し、図版なども入れてビジュアルにも工夫がなされています。

何より、ボッカチオだとかジェフリー・チョーサーだとか、ミラン・クンデラなど、ちょっと日本ではなじみの薄い作家でも、世界的にかなり認められている人が選出されているのが面白いと思います。

350ページもあるため、大きくて分厚い本で、値段もそれなりに張りますが、手元に1冊置いておくと何かと便利でしょう。

文学の
3ステップ

［ステップ 1］

↓

［ステップ 2］

↓

［ステップ 3］

第 **4** 章

【作家別】本の理解力が上がる3ステップ読書術

ニーチェから夏目漱石、太宰治まで

作家の著作にも読むべき順番がある

読書の仕方として、1人の著者の作品をずっと追っていくというやり方があります。

たとえば前の3章では、「ジャンル別」の3ステップ読書術を紹介しましたが、そこで取り上げた作家、思想家、学者に興味が湧いた場合は、その人の著作を次々に読んでいくというやり方です。

ただ、その場合にもやはり「段階」があります。

最初の1冊はできるだけ難解な作品ではなく、その作家に興味が持てるものや、短く読めるもの、面白いものを選んだほうがいいでしょう。

反対に、作家の作品のなかでも難しいものから挑戦してしまい、自分には理解できないと諦めてしまうのはもったいない話です。

たとえば、ドストエフスキーに興味を持ったからといって、彼の最高傑作である『カラマーゾフの兄弟』にいきなり挑戦するのは、やはり無謀というものです。「話が長い上にストーリーが難解で、自分には無理だ」と途中で挫折してしまい、ドストエフスキーは自分には向いていないと早合点してしまいかねません。

それは大変残念なことですから、同じドストエフスキーでも、最初はもっとわかりやすく短い小説から入りましょう。そうすることでまずは作者の文体になじみ、その上で最終的には大長編に挑戦すればいいのです。

4章では、私自身が若い頃から影響を受け、傾倒してきた作家を中心にご紹介します。どういう順番で読むと、途中で挫折せず、作品を存分に味わえるのか、3つのステップに注目して読んでみてください。

ニーチェ

ニーチェの過激さ、凄みは、この順番で読まなければ理解できない

若い頃にニーチェに傾倒した私は、現在でも彼の『**ツァラトゥストラ**』を手元に置いて、寝る前や起きたときなど、パラパラとめくるのが半ば習慣のようになっています。

ニーチェの言葉は過激ですが、エネルギーの固まりでもあります。

ちょっと気分が落ち込んだときに読むと、がぜん力が湧いてきます。

私なりのニーチェの読み方は、拙書『**座右のニーチェ**』（**光文社新書**）にも書きましたが、ニーチェをこれから読んでみたいという人に、3ステップでの読書の進め方を紹介しましょう。

ステップ1
［最初の1冊］

「神は死んだ」と言った意味を知る

ニーチェの著作は、哲学者の書いた文章としては非常に読みやすいと言えます。精緻な論理と構成にもとづく「論」ではなく、どちらかといえば文学作品に近い趣があります。

読みやすいのですが、それだけに誤解してしまう恐れもあります。やはり最初は入門的な解説書を読んで、ニーチェ思想の真髄をつかんでおくとよいでしょう。

入門書としては**『ニーチェ入門』（竹田青嗣／著　ちくま新書）**がわかりやすく、要点をおさえています。

ニーチェの有名な言葉に「神は死んだ」があります。彼はとくに西洋文化を形作ってきたキリスト教に反発します。

キリスト教は、アダムとイブが楽園のリンゴ＝知恵の実を食べ、楽園を追放されたときから、人間は罪深き存在であるとする「原罪」を説きます。だから、人間は放っておいたら必ず過ちを犯す、不完全な存在であるというわけです。

でも、それは私たち人間にとってあまりに重い十字架です。

キリスト教の理論に従ううちは、人間は全知全能の神の前に負い目を負わされ、鎖につながれた状態です。ニーチェは、そこから脱して人間の本来の能力を自由に開花するべきだと考えたのです。

ところがそんな自由な生き方をしようとすると、必ず足を引っ張ろうとする連中が現れます。

自分はこれだけ我慢しているのに、お前だけ勝手なことは許さないぞ、という怒りや嫉妬。ニーチェはこの負の感情を「ルサンチマン」と呼び、最も嫌いました。

ニーチェにとって人間の可能性を押し潰しているのは、もはや神の存在ではありませんでした。その下で息を潜め、一見、神に従っているように見えながら、自分を抑圧している人たち。被害者意識を持ちつづけ、同調圧力を加えようとする、人間たちの「ルサンチマン」だったのです。

神の存在を否定し、ニヒリズムの元祖のように思われるニーチェですが、じつはその背景にあるのは徹底した人間主義であり、人間賛歌なのです。だからとにかく力に溢れて明るい！

「力への意思」「超人思想」「永劫回帰」など、ニーチェの言葉は刺激的なものが多いのですが、基本的なニーチェの思想がわかれば、なるほどと納得できるはずです。

『ニーチェ入門』はそんなニーチェの本質を理解するのに大いに役立つ作品と言えるでしょう。

とにかくニーチェの言葉に触れてみたいという人は、**『超訳 ニーチェの言葉』（白取春彦／著 ディスカヴァー・トゥエンティワン）**を最初の1冊に選ぶのもいいでしょう。この本がきっかけで、思想書でも「超訳」という言葉が随分と流行りました。

ニーチェは、論理的に説明するのが「上等」だとする西洋の知性への反発もあり、短い言葉――アフォリズムを駆使して思想の真髄を伝えようと試みました。

ニーチェの言葉はまさに寸鉄のように突き刺さります。その言葉にとにかく触れてみたいという初心者にはお勧めです。

ステップ**2**
［次の1冊］

ニーチェの野心と誠実さを知る

『これがニーチェだ』（永井均／著　講談社現代新書）は、哲学者の永井均さんによるニーチェ解釈です。

永井さんはニーチェの『ツァラトゥストラ』の内容から、その思想を3つの空間に分けます。「第1空間」は「ニヒリズムとその系譜学」。

「第2空間」は「力への意志とパースペクティヴ主義」。

「第3空間」は「永遠回帰＝遊ぶ子供の聖なる肯定」。生まれたての子どものような純真無垢な気持ちですべてを肯定し、あらゆるものが融合する段階です。闘う獅子から遊ぶ子どもへと向かうのが、第三空間の境地です。

永井さんは、「ニーチェは世の中に役に立たない、そのことが彼を稀に見る偉大な哲学者にしている」と言います。

優れた思想、優れた著作ほど、解釈は多岐多様にわたるものです。ニーチェもまさにそんな大きな存在だと気づかせてくれる1冊でしょう。

『善悪の彼岸』（ニーチェ／著　光文社古典新訳文庫）は、ニーチェの思想の根本を知る上で参考になる作品です。

それまでの西洋哲学は、基本的にキリスト教の影響のもと、その価値観から外れることはありませんでした。

ニーチェにとってそれは知的怠慢であり、それこそが罪だと考えた。哲学者の良心として、これまでの道徳を相対化し、新たな地平を打ち立てなければなりません。ニーチェのそんな野心と誠実さが表れているのが本書だと言えるでしょう。

訳者の中村元さんの訳はわかりやすく、しかも注釈がたくさんついているので理解を助けてくれます。

同じく**『道徳の系譜学』（ニーチェ／著　光文社古典新訳文庫）**も併せて読むことをお勧めします。

ステップ **3**
［仕上げの1冊］

『ツァラトゥストラ』で真髄にシビレる

ニーチェの最終地点といえば、やはり**『ツァラトゥストラ』（ニーチェ／著 手塚富雄／訳 中公文庫プレミアム）**でしょう。大作ではありますが、文学的インパクトがあるので、文学が好きな人はこの本にいきなりアプローチするのもありです。大学生に読んでもらうと、案外読めるという印象です。

さて、ただ一人、西洋思想の系譜に反逆したニーチェが、最後の集大成として生み出したのが超人、ツァラトゥストラでした。

30歳のときに世俗を捨てて山にこもったツァラトゥストラですが、10年たって意識が変容します。

「わたしはいまわたしの知識の過剰に飽きた、蜜蜂があまりに多くの蜜を集めたように」

あまりにもたくさんのことを学んだので、再び山を下り、その知恵を受け取る多くの人の手が必要になった、と言うのですね。いかにもニーチェらしい始まり方です。
山を下りたツァラトゥストラは、街に入って群衆の前で演説します。

「わたしはあなたがたに超人を教える。人間とは乗り超えられるべきものである」

人間は猿を見て笑うが、超人から見たら人間は笑ってしまうような存在だ、と言うのですね。そして「神は死んだ」と宣言します。私たちを道徳や規律で押さえつけていた神はもういなくなったと言うのです。
ツァラトゥストラは、そのままニーチェその人でもあります。彼は神の威光を借りて、威張り散らし、やたらと道徳を説いて本来の人間性の発露を妨げる宗教家や道徳家をこき下ろします。

「わたしはあなたがたに切願する、大地に忠実なれと。あなたがたは天上の希望を説く人々を信じてはならない。彼らこそ毒の調合者である」

大地とは、私たちが生きているこの世界です。私たちが忠実に従うべきなのは、神の世界でも、形而上的な世界でもない。私たちのこの地上の世界なのだと。

神の世界、すなわち「天上の希望」を説く輩こそ、毒の調合者だというのですから、じつに手厳しいですね。

ニーチェは「毒の調合者」を「肉体の侮蔑者」とも言って非難します。宗教家たちは、肉体は穢れたものであり、諸悪の根源としますが、肉体こそ真実であり、真の英知が宿る場所であるとニーチェは言います。

神の存在におびえ、道徳に縛り付けられた彼らは、彼らの世界から飛翔し、自由になろうとする人間を憎み、嫉妬する。

彼らのルサンチマン――負の攻撃をものともせずに乗り超える力が、超人になるためには必要なのです。

とにかく全編、ニーチェの鋭利な知性がきらめき、既成の価値観に甘んじている怠惰な精神に喝が入れられます。

長い物語のクライマックスで、ツァラトゥストラは人間と超人の間の存在である「高人」

たちと共に洞窟の前で晩餐を囲みます。

酔客たちは超人の素晴らしさとその言葉に感激し、この瞬間こそ永遠であること、すなわち「永劫回帰」を体感します。

感極まった人々は、ツァラトゥストラとともに「永遠のなかへ」という意味の歌を輪唱します。

「すべての悦びは永遠を欲する——、深い、深い永遠を欲する！」

圧倒的な感動のなかで、物語はフィナーレを迎えます。まさにニーチェ的人間賛歌であり、神なき後の人間の進む道を指し示しているかのようです。

ニーチェとはどういう人なのか、あるいはニーチェ的なものとはどういうものかを実感したい人は、**『この人を見よ』（ニーチェ／著）**をぜひ読んでみてください。

西尾幹二さん訳の新潮文庫でもよいでしょうし、手塚富雄さん訳の岩波文庫でもよいでしょう。最近出た本で、わかりやすいということであれば、丘沢静也さんの光文社古典新訳文庫でもいいでしょう。

目次を見ると、「なぜ私はこんなに賢いのか」「なぜ私はこんなに良い本を書くのか」と、ニーチェによる自画自賛のオンパレードです。

ですが、読み進めていくうちに、彼のルサンチマンに対する理解と姿勢、超人や永劫回帰に対する考え方などが、彼自身の体験談と共に語られていることに気づくでしょう。

人類の思想哲学の流れを大きく変えた人物、ニーチェの素顔に近づくことができるのではないでしょうか。

ニーチェの3ステップ

［ステップ 1］

［ステップ 2］

［ステップ 3］

プラトン

ソクラテスとプラトン。二大哲学者の固い絆と思考がわかる3ステップ

プラトンはご存じの通りソクラテスの弟子であり、ソクラテスに関する著作をいくつも残した人です。

ソクラテス自身は著作がないので、いま私たちがソクラテスについて知ることができるのも、ひとえにプラトンのおかげと言ってもいいでしょう。

西洋哲学の祖でもあるプラトンの著作を、どういう順番で読み進めると、より理解が深まるかを解説しましょう。

ステップ 1
［最初の1冊］

師の最期を描いた『ソクラテスの弁明』から

やはりプラトンの著作を最初に読むとしたら、**『ソクラテスの弁明 クリトン』（プラトン／著 久保勉／訳 岩波文庫）**しかありません。

訳が最近のもので読みやすいということなら、納富信留さん訳の光文社古典新訳文庫のものがお勧めです。

文庫本で50ページほどの短いものですから、早く読める人なら1時間程度で読めてしまいます。

70歳を過ぎたソクラテスは、メレトスとその一派によって告訴されます。訴状は「ソクラテスは不正を行い、また無益なことに従事する。彼は地下ならびに天上の事象を探求し、悪事をまげて善事となし、かつ他人にもこれらのことを教授した」というものです。

プラトンは訴状に対するソクラテスの弁明を通して、敬愛し尊敬する師、ソクラテスの思想がどういうものだったかを浮き彫りにしていきます。

プラトンの創作もあるでしょうが、おそらくソクラテスの言葉を後世に残したいという思いの強いプラトンですから、基本的にはソクラテスが実際にしゃべったことを下敷きにして、できる限り再現していると思います。

当時、アテナイでは選挙で選ばれるために、弁舌の巧みさが競われました。そのなかで詭弁術を弄するソフィストと呼ばれる人たちが現れます。

彼らは自分こそ賢く、相手を打ち負かす弁舌ができると吹聴し、貴族の子どもの家庭教師になったりして、高い授業料を得ていました。

真に知を愛する者であるソクラテスは、ソフィストたちの詭弁＝相手を言いくるめる術は本来の知性ではないと考えます。そして彼らに向かって哲学的な質問を浴びせ、彼らが本当は真理を知らないということを公の場で暴いていくのです。

デルフォイの神託で友人が「アテナイでソクラテスより賢い者はいるか？」と聞いたところ、ソクラテスより賢い者はいないという宣託がおります。

自らを賢いと思ったことのないソクラテスは、いろいろ他者と対話した挙句、自分は何も知らないが、知っているると勘違いしていない点でソフィストたちよりも優れていると考えた。これが有名な「無知の知」です。

でも、実際にこんな人が近くにいたら面倒でしょうね。やたらと質問を仕掛けてきて、自分の無知を大勢の前で暴かれる。そりゃ、ソフィストでなくても誰でも嫌なはずです。ただ、ソクラテスは決して相手をやっつけようとしているわけじゃないんですね。相手に自分が無知であることを悟らせることによって、相手も賢くなることができる。どうやら相手のためを思ってやっているフシがあるのです。

一種、天然の性格といいますか、それだけに扱いに困った人です。

ただし、若い人は既存の価値観を破る人を英雄視する傾向があります。

ソクラテスの噂が広まり、ソクラテスこそ本物の知恵者だと、青年たちがどんどん集まってくる。プラトンもその一人で、出会ったのはプラトンが20歳、ソクラテスが63歳のときでした。

いずれにしても、ソフィストたちにとったら大事な顧客も人気もさらっていくソクラテスが、憎くて仕方がないということになります。

ソクラテスは70歳ですから、この先そう長くないだろうに、それでも死刑にしてしまうのですからすさまじき怨念です。

まさに、ニーチェの言うところのルサンチマンの恐ろしさです。


当時の裁判は民衆の投票によって判決が決まっていて、最初の審理で有罪か無罪が確定し、2回目の審理でその量刑が確定します。

2500年前に、こんな風に裁判が行われていたのか――。

プラトンのおかげで私たちはまるで目の前にソクラテスが生きていて、弁明しているかのような錯覚になります。

1審は小差で有罪になりましたが、2審では自らの潔白を主張して、少しも陪審員におもねることがありませんでした。

事実を曲げてまで哀れみや同情を買い、減刑されるより、真実を貫いて死刑になる方を選ぶ。それが自分だけでなく、ポリス社会の尊厳を貫くことになるとソクラテスは演説します。

そして、「自分の息のつづく限り、哲学することはやめない」と宣言するのです。その結果、こいつは懲りない奴だと2審は大差で死刑が確定します。

まさに死を賭して、知と正義を貫いたのがソクラテスです。

プラトンだけでなく、正義感と理想に燃える若者であれば、そんな哲学者の姿に誰もがシビレてしまうでしょう。

このほかに、岩波文庫に同時に収められている**『クリトン』（プラトン／著）**もお勧めです。裁判が結審し、牢獄で死刑執行を待つソクラテスのもとに、弟子のクリトンがやってきて脱獄を促します。

しかし、法を犯してしまったら、それこそこれまでの自分の正義に対する考え方がすべてウソになってしまう。

「不正に対して不正で返さない」。ソクラテスは毒杯を仰ぎます。ソクラテスの徹底した真理への思いが伝わってくる名作です。

ステップ **2**
［次の1冊］

『饗宴』でソクラテスの会話を堪能する

ギリシャ時代の宴会の様子が描かれているのが、**『饗宴』（プラトン／著 久保勉／訳 岩波文庫）**です。悲劇作家のアガトンの酒宴に招かれたソクラテスを含めて、大勢の出席者が酒を飲みながら演説を行います。

そのテーマは愛（エロース）。エロースは古い神であるのに、詩人たちにしっかりと称えられたことがない。参加者それぞれが、いろんな角度からエロースの神を賛美しようではないか、ということになりました。

愛し愛されることでお互いが誇りを持ち、正しく生きようとするので、社会はより良くなると言う者。愛自体に良い悪いがあるのではなく、正しいやり方をすれば美しいものになり、正しくないやり方をすれば醜いものになると言う者。肉体の愛よりも精神の愛を賛美し、より良きものになろうとするのが真の愛だと言う者……。

当時は少年愛こそが、精神的な結びつきである美しい愛の形だとされていました。時代の価値観と感覚の違いに驚きます。いずれにしても、酔っ払ったオジサンたちが上機嫌で愛について真剣に語る姿は、なんとも微笑ましいではありませんか。

なかでも、後半のソクラテスとディオティマという女性の会話が、本作品のメインでしょう。

ディオティマは美しき肉体への愛から、美しい人間関係への愛と発展し、やがて美しい生活や仕事への愛、さらにそこから美しい学問＝英知に対する愛へと進化するものだと言います。

入り口はたとえ卑俗な愛から始まっても、それが美を求めつづけていくことで純化されていく。愛の本質を知っていると言われたディオティマが、ソクラテスを子ども扱いするように教え、諭します。

素直に耳を傾けるソクラテスの姿勢も新鮮です。

それにしても、愛というテーマ一つで、これだけ多岐に、深く話し合えるなんて、ギリシャの人たちってとにかくすごい。そんなことを感じることのできる歴史的名著です。

ステップ 3
［仕上げの1冊］

『国家』で師・ソクラテスの理想を代弁

プラトンの著作で上級編といえば、やはり長編の『**国家 上・下**』（**プラトン／著 藤沢令夫／訳 岩波文庫**）でしょう。

ソクラテスと取り巻きたちとの長い対話という形のなかで、国家とは何か、どうあらねばならないかを明らかにしていきます。

ソクラテスにとって、国家とは正義を実現するものであり、正義とはまたイデアを体現したものでなければなりませんでした。有名な洞窟の比喩（人は暗い洞窟の奥で縛られ、背後の明かりに照らされて壁に浮かび上がる像を、この世の実体だと考えているに過ぎない）も出てきます。

プラトンがこのように、国家の理想をソクラテスの言葉を借りて説明するのには理由があります。

敬愛する師ソクラテスが、当時のポリスの、民主的とされる裁判によって不当に裁かれ、命を奪われた。そんな忌々しい原体験があるからに違いありません。

真善美を体現する理想の国家像を、プラトンは師をよみがえらせることで明らかにしようと試みました。

ソクラテスが果たしえなかった理想を、プラトンが著作という形で具現化した。そう考えると、なんだか胸を打つものがあります。


プラトンは、ソクラテスの口を通して、イデアを実現する理想の国家は、真理と正義を貫くことができる「哲人」による統治でしか実現しないと主張します。

彼の理想からしたら、民主国家などはまだまだレベルの低い段階。衆愚政治に落ちる危険のある未熟な体制でした。

プラトンはソクラテスこそが哲人王にふさわしい人物であったことを、すべての人に知らせたかったのかもしれません。

それにしてもプラトンのソクラテスに対する思いの強さの、なんと純粋で、かつ激しいことか!

ソクラテスもプラトンも、歴史に燦然《さんぜん》と輝く大哲学者です。

その巨頭二人が師と弟子であり、師の志を弟子が引き継ぐことで人類の宝といえるプラトン哲学を生み出した――。

私も教育者のはしくれですが、こんな素晴らしい師弟関係が存在したことの奇跡に、ひたすら感動を覚えます。

そのプラトンは自ら作った学校「アカデメイア」で、今度はアリストテレスという大哲学者を育てます。

人が人を感化するとはどういうことか。プラトンの著作に触れると、そんなことも考えてしまいます。

プラトンの3ステップ

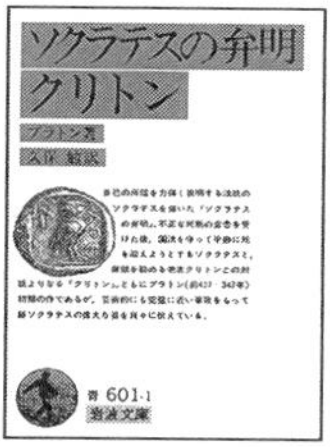

［ステップ1］

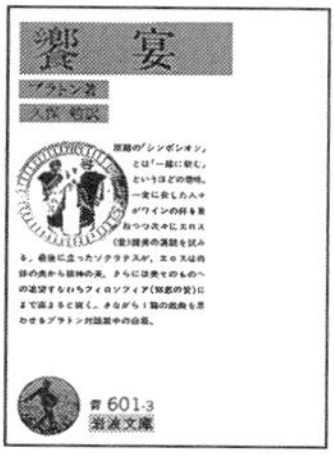

［ステップ2］

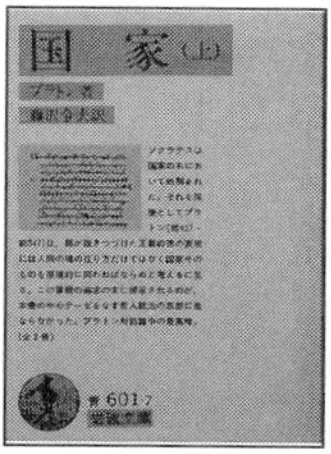

［ステップ3］

ドストエフスキー

人間の暗部をえぐり出す手法と姿勢、理解できないのはもったいない

とにかくドストエフスキーの小説は長大なものが多いです。**『カラマーゾフの兄弟』（ドストエフスキー／著 原卓也／訳 新潮文庫）**などは、読み切ることが一つの「体験」と言えるほどの長さです。

ただし、いきなり長編を読もうとすると、挫折してしまう恐れがあります。

とくにドストエフスキーの作品の登場人物は、強烈なキャラクターの人が多い。極端に卑屈だったり、尊大だったり、意地悪な性格だったりします。そういう人たちが次から次に登場して、激しく応酬します。

日本人的な感覚では、最初はついていけないかもしれません。いきなり脂っこいものをたくさん食べて胸焼けしてしまうような感じでしょうか。

まずはドストエフスキーの世界に慣れるためにも、彼の作品のなかでも比較的読みやすい、短いものから入りましょう。

そして次第にレベルを上げて行って、最後は長編に挑戦する。そんな感じで読み進めてみてはいかがでしょうか。

ステップ1
［最初の1冊］

処女作『貧しき人々』に込めた思いを知る

ドストエフスキー体験の最初は、第一作である『**貧しき人々**』（**ドストエフスキー／著**）から始めるといいでしょう。１８４６年、彼が24歳のときの作品です。この作品で、ドストエフスキーは一躍脚光を浴びることになります。

古くは原久一郎さん訳の岩波文庫や、米川正夫さん訳の河出文庫、あるいは木村浩さん訳の新潮文庫が知られています。

最近のものは、光文社古典新訳文庫の安岡治子さん訳があります。若い人はこちらの方が読みやすいかもしれません。

本作は、サンクトペテルブルグの貧民窟に住む47歳の老下級官吏マカールと、17歳の少女ワーレンカの間で交わされた半年間の往復書簡という構成です。お互いが自分の身の回りで起きたことを報告し合います。

手紙の文面から、マカールは少女に恋心を抱いていることが明らかです。ワーレンカもまたマカールの真摯な言葉に全幅の信頼を寄せています。

30歳も離れたこの純粋なやり取りが、結局どういう結末になるかはネタバレになるのであえてこまかく触れないようにしましょう。

二人の書簡に登場するのは、彼らも含めてみな貧しい人たちばかりです。そして誰もが不幸と悲哀を抱えながら、必死で生きているのがわかります。

前半で語られる、ワーレンカの初恋の話とその悲劇は身につまされます。彼女がまだ幼い頃、事業で失敗した父が亡くなり、遠い親戚の家に移り住みます。その家に下宿していた大学生のポクロソフスキーに恋心を抱きます。

15歳の少女の、はにかみとためらい。純粋な恋心が彼にも伝わりますが、その直後大変な悲劇が彼女を襲います。一人息子のポクロソフスキーを誇りにし、時折その息子を訪ねていた孤独な老人の姿も、ひたすら哀れの涙を誘うでしょう。

貧しさのなかで純粋なものを失わず、非情な運命に耐え、わずかな喜びを分かち合う。一見、救いのない話のなかに、読者は不思議な光を感じるのではないでしょうか。それはドストエフスキーの、貧しき人々に寄せる温かい眼差しなのかもしれません。

二人の書簡のやり取りとその内容は、SNS慣れした現代の私たちには大変冗長に感じるでしょう。うーん、なんともまどろっこしい。いまの若者が、とてもこんな長い手紙を書くことはできないでしょう。

電話もメールもない時代、書簡でしかやり取りができなかった時代は、一つひとつの手紙に時間をかけ、全身全霊を込めました。

だからこそ長くもなりますが、それだけ言葉に重みと深みが出る。そして一種の品性、品格が漂います。

たしかにSNSは便利ですが、コミュニケーションの仕方が変わったと同時に、人間の品性や品格も失われたのではないだろうか。そんなことを考える上でも面白い作品です。

この作品を最初に読んだドストエフスキーの友人は、感動のあまり徹夜で一気に読み上げたそうです。

批評家ネクラーソフは「第二のゴーゴリが現れた！」と叫び、ある人はドストエフスキーに「君はこの作品で何をしでかしたか、わかっているのか！」と興奮して語ったといいます。

書簡形式なので、文章は大変平易です。最初はまどろっこしく感じますが、やがて手紙で明かされるさまざまなエピソードに、ぐいぐいと引き込まれてしまうでしょう。

ドストエフスキー体験の第一歩として、お勧めの1冊です。

ステップ2
［次の1冊］

『地下室の手記』で病的な自己愛を描く

『貧しき人々』で名声を博したドストエフスキーですが、初期の作品はヒューマニズムに溢れる作風でした。

しかし、いかにもドストエフスキーという感じの最初の作品は、**『地下室の手記』（ドストエフスキー／著 江川卓／訳 新潮文庫）**でしょう。

この作品は短いので、ステップ1に入れてもよかったのですが、内容的にそれまでの作風と一変しますので、あえてステップ2に入れました。ある意味、この作品こそが本来のドストエフスキー体験の入り口と言ってよいでしょう。

自意識過剰で、被害者意識や猜疑心が強い下級官吏の主人公は、遺産が転がり込んだのをきっかけに、仕事を辞め、暗い地下室に引きこもります。第1部はそんな引きこもりの中年官吏の延々と続く独白です。

「ぼくは病んだ人間だ……ぼくは意地の悪い人間だ。およそ人好きのしない男だ」

いきなり始まりからして自虐的ですね。その原因は肝臓が悪いからだと言いながら、医者にもかかりません。それは医者が憎らしいから。だからいっそ病をこじらせてやると宣言します。

いやはや困った人が出てきました。しかも、「ざっと20年も、ぼくはこんな生き方をつづけている。いまぼくは40歳だ」と言いますからますます危ない。

役人のときはその立場に乗じていろんな人に意地悪をするけれど、ちょっと相手に持ち上げられるとすぐに有頂天になる。結局、本当の意地悪にもなれないダメ人間だと自分を卑下します。

そんなねじ曲がった人間が、周囲とうまくいくわけがありません。当然のように皆から馬鹿にされ、それがまた主人公のひねくれ度合いに拍車をかけます。

いまから150年も前に書かれたものですが、なぜか古さを感じさせません。

いまの時代は、主人公のような過剰な自意識とプライドを持て余し、いわゆるコミュ障的な状態で引きこもってしまう人がいよいよ増えています。

病的な自己愛と裏腹な自己評価の低さ、自己愛性パーソナリティ障害などが注目される昨今ですが、その原型をドストエフスキーはすでに描き切っているのです。

しかし、ドストエフスキーは決して主人公を責め、非難する意味で書いているわけではありません。

自意識が肥大化し、孤独のなかで変質していくのは、時代の持つ病理でもある。その病理が人間をみじめな姿に変えていく。神なき後の、私たち現代人の自我の危機をドストエフスキーは描き出します。

徹底した心理描写と分析、人間の内部の暗いドロドロとした存在をえぐり出す手法と姿勢こそ、ドストエフスキーのドストエフスキーたる所以なのです。


『罪と罰』（ドストエフスキー／著）は、ドストエフスキーの代表作で長編であるため、読み切ることができるか自信のない人もいるかもしれません。

しかし意外にストーリーは簡単です。米川正夫さん訳の角川文庫でも、江川卓さん訳の岩波文庫、あるいは亀山郁夫さん訳の光文社古典新訳文庫でもよいでしょう。書店でパラパラめくってみて、自分に合った訳者を選んでください。

本作では、ラスコーリニコフという貧乏学生が、悪名高い守銭奴で高利貸しの老婆を殺すことを決断します。特別な能力を持った一部の人間は、それが社会の進歩のためなら殺人を犯しても悪ではない。一種の超人思想に取りつかれた彼は、老婆を撲殺します。

論理的には一つとして咎められるものはないと考え、実行したラスコーリニコフですが、その後はさまざまな良心の呵責に苛まれます。そして純真な魂の持ち主である娼婦ソーニャと出会い、決定的な変化が訪れます。

高利貸しの老婆からお金を借り、その返済ができず娘のソーニャを売ったマルメラードフは、娘を娼婦に落としてしまったことを生涯悔いつつ、酒浸りで最後は馬車に轢かれて死んでしまいます。

ラスコーリニコフの妹に結婚を迫る、胡散臭い成金ルージン。同じく妹に思慕を寄せる無神論者のスヴィドリガイロフや、ラスコーリニコフを老婆殺しの犯人とにらんで執拗に絡んでくる予審判事のポルフィーリー……。

さまざまな人々が登場し、ドラマを展開していきます。その群像はどこか処女作の『貧

しき人々』に登場する、救いのない人々をも連想させます。

人間には抑えがたい良心の裁きがある。それこそが、どんな裁きよりも自らを切り刻む。それは人間が愛を感じるのと同じように、言葉では説明のできない人間の奥深い本性なのかもしれません。

人間の心の深い闇は、同時に救いと希望の光へともつながっている。そんなことを感じることができる不朽の名作です。

ステップ3
［仕上げの1冊］

小説の最高峰『カラマーゾフの兄弟』へ

ドストエフスキーの描く世界に十分なじんだら、3ステップ目としていよいよ小説の最高峰とも言われる『**カラマーゾフの兄弟**』（**ドストエフスキー／著**）に挑戦してみましょう。

これもさまざまな出版社から出ています。

直情径行型の長男ドミートリー、無神論者で冷徹な次男のイヴァン、そして天使のような美しい心をもった三男のアリョーシャ。このカラマーゾフ3兄弟の父親が、好色漢で強欲なフョードルです。

フョードルとドミートリーは親子でありながら、美しい女性グルーシェンカを奪い合います。また遺産相続などでも揉めて、二人の間に喧嘩が絶えません。

そしてあるとき、フョードルは何者かに殺害されてしまいます。いったい誰がフョードルを殺したのか？　状況的にはどう見てもドミートリーなのですが……。物語はミステリーの要素も含みながら展開していきます。

印象的な場面は、すでに第1章で触れているのでこれ以上は書きません。神なき後の人間の存在とは？　その世界のなかでの善と悪とは？　美しい魂を持ちつづける真の強さとは？　さまざまなテーマが繰り広げられながら、人間の崇高なる部分と、最も卑俗なるものが混然一体となって展開します。

最後の部分を書き終えて80日後に、ドストエフスキーは肺出血で亡くなります。じつは、この作品はそれぞれ独立した2部構成になる予定でした。結果的に1部を完成させたのみで亡くなったわけです。

2部の展開はどうなる予定だったのか？　ドストエフスキーが友人に宛てた書簡などから推察すると、一説には天使のような信心深いアリョーシャが、テロリストになり皇帝暗殺を企てるというストーリーだったとか。

真相は闇のなかですが、そんな想像をしながら楽しむこともできます。

長大な『カラマーゾフの兄弟』を読み終えたとき、きっと皆さんは自分のなかで何かが変わったような感覚を覚えるでしょう。まさに本作は小説というよりも、一つの強烈な「体験」なのです。

最高峰の小説を紹介した後ですが、私がとくに好きな作品を一つ紹介しましょう。**『白痴』（ドストエフスキー／著　木村浩／訳　新潮文庫）**という作品です。

主人公のムイシュキン公爵はスイスでてんかんの療養を終え、全快してサンクトペテルブルグに戻ってきます。世慣れしていないムイシュキンは、まさに純真無垢で善良な魂の持ち主です。

持病のせいでどこかボーッとして見えることもあり、周囲からは「白痴」というあだ名で呼ばれていました。

両親をすでに失っていたムイシュキンは遠縁のエバンチン家を頼り訪れ、エバンチン夫妻とその3人の娘たちとの生活が始まります。

彼らとは別に、絶世の美女であるナスターシャがいますが、それも含めて複数の男たちが絡む激しい愛憎劇が繰り広げられます。

そんなドロドロした人間関係のなか、ムイシュキン公爵だけは超然とした存在です。まさに「白痴」と呼ばれるごとく、世事に疎く、人間の汚い部分を持ち合わせていない。だからドロドロの渦中にいても、まったく染まらずに軸がブレないんですね。「はき溜めに鶴」とはこのことでしょうか。

3人の姉妹とナスターシャ、その他の登場人物が、お互いのエゴのぶつかり合いとその醜さに辟易し、ムイシュキンの前で嘆いたり、何かと相談したりします。

なかにはそうやって相談するように見せかけながら、ムイシュキンを愚弄し、おとしめようとする者さえいます。

しかし、すべての人に対してムイシュキンは善意でしか向き合いません。だから彼の言葉はつねに正しく、温かい。

そして驚くほどの洞察に満ちているのです。まっすぐに周りを見るので、物事の本質を自然に見極めるのでしょう。

世間知らずと馬鹿にしていた者たちも、しだいに彼こそがじつは最も賢明な人物であることを思い知ります。そしてナスターシャなど若い女性たちは、ムイシュキンに恋心を抱くようになる……。

ただし、ストーリーは二転三転し、意外な結末で終わりを迎えます。

ドストエフスキーは本作で現代のイエス・キリストを描こうとしました。

ひたすら善意で美しい心の持ち主が、現代のようなエゴにまみれた社会に生きたらどうなるか？

この作品を読んだ同じロシアの大作家であるトルストイは、主人公のムイシュキンについて、「これはダイヤモンドだ。その値打ちを知っている者にとっては何千ものダイヤモンドに匹敵する」と激賞したそうです。

純真無垢で善良な心の固まりであるムイシュキン公爵は、後の『カラマーゾフの兄弟』の信心深いアリョーシャの原型ともいえる存在です。

そしてともにドストエフスキーが創り出した最高の人格であり、現代のキリストと称される人物です。

ドストエフスキーの世界に深く入り込んでみたいという人は、ぜひ『白痴』も読んでみてほしいと思います。

ドストエフスキーの3ステップ

［ステップ 1］

⬇

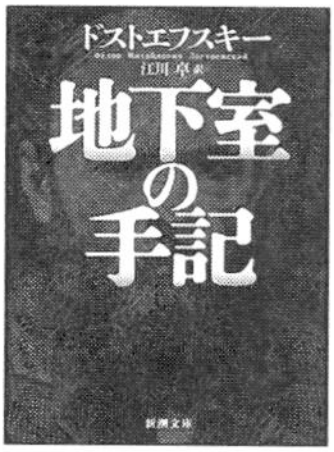

［ステップ 2］

⬇

［ステップ 3］

ハイデガー

超難解な哲学者の思想を段階を追って読み解いていく

ドイツの哲学者、マルティン・ハイデガーの著作が難解であることは、すでに第2章で触れました。

ただし、「存在」という概念を突き詰め、「死」という誰もが逃れられない結末に行き着いたハイデガーの思想は、その後の哲学を大きく方向づけました。

そんなハイデガーの思想は、困難なこれからの時代、ますます輝きをもつものだと思います。

幸いなことに、最近ではハイデガーに関してわかりやすく書かれた本がたくさん出ています。

2章の内容と重なる部分もありますが、順を追って紹介しましょう。

ステップ1
［最初の1冊］

『誰にもわかるハイデガー』はわかりやすい

作家の筒井康隆さんは『文学部唯野教授』という小説で、文学理論や哲学を教える唯野教授を描いています。

現代哲学にも詳しい筒井さんが「文学部唯野教授・最終講義」という副題で出しているのが**『誰にもわかるハイデガー』（河出書房新社）**です。

『存在と時間』というハイデガーの著作は難解なことで知られていますが、筒井さんの本を読むと、ハイデガーに苦労させられた経験のある人は「こんなにわかりやすかったのか！」と驚かれるでしょう。もちろん、まったく読んだことのない人にとっても、わかりやすいことは変わりません。

ハイデガーの難解さは、そもそも使われている用語が難しいことも一因です。「現存在」「非本来性」「世人」「性起」などという、日常的には使われない言葉を筒井さんはわかりやすく解説されています。

たとえば「非本来性」とは、死を免れない私たちは、本来それを前提にして生きるべきであるのに、その現実から目を背けて生きることを指しています。

また、「世人」とは、そのような「非本来性」のなかで生きている一般の人たちであり、「性起」とは、簡単に言えば「出来事」ということ。

これらの用語の意味さえつかめば、ハイデガーの理論自体は理解できないものではなく、意外にわかりやすいと感じられるのではないでしょうか。

ステップ **2**
［次の1冊］

ハイデガーの思想の変遷がわかる解説書

次のステップでは、ハイデガーの解説書を中心に読み進めるとよいでしょう。竹田青嗣さんの**『ハイデガー入門』（講談社学術文庫）**は、ステップ1でもいいくらい平易でわかりやすいものになっています。

多少でも倫理・哲学を学んだ人であれば、この本を入門書にしてもよいでしょう。第1章でハイデガーの言うところの「存在」とは何かが語られ、2章、3章で『存在と時間』の内容の解説となります。

4章に入って後期のハイデガーの思想を解説し、5章でナチズム問題や、他の哲学者の比較論考となります。

ちなみにハイデガーは、第二次大戦前はナチズムに加担したということで、戦後は批判の矢面に立った時期もあります。ただし、哲学的な意味でのハイデガーの功績は揺るがしがたいものがありました。

彼はまた、戦前のナチズムとの関係を清算するべく思想の転回（ケーレ）を宣言しています。

このような、ハイデガーの思想的な変遷も取り上げているのが本書の特徴でしょう。またニーチェの思想や、フッサールの現象学との関連、デリダのポスト構造主義との関係など、幅広い視点で論じているのも特徴です。

ステップ 3
［仕上げの1冊］

解説書からハイデガーの自著へ

上級編は、ハイデガー本人の著作に直接あたります。

『存在と時間』は、すでに2章で熊野純彦さん訳の岩波文庫を紹介しています。章の要約や訳注が大変充実しているので、前の訳のものに比べて理解しやすい本になっています。ちくま学芸文庫版、光文社古典新訳文庫版もあります。訳文を比べて、選んでみてください。

　ハイデガーの自著では、平凡社ライブラリーから出ている『**技術への問い**』『**芸術作品の根源**』、『**形而上学入門**』などのシリーズがお勧めです。ただし、自著ですから、なかには難解なものもあります。

『芸術作品の根源』は後期ハイデガーの作品ですが、芸術の本質とは何かを解明したものです。哲学的というよりむしろ詩のような飛躍した表現で書かれています。完全に理解できずとも、読むと不思議な心地よさがあります。

　理解できないものは理解できないまま、とにかく読み進めていく。それくらいの余裕を持って向き合うとよいのではないでしょうか。

ハイデガーの
3ステップ

［ステップ 1］

［ステップ 2］

［ステップ 3］

夏目漱石

わずか10年ほどの間に傑作を書きつづけた漱石の正しい読み順

ここからは、日本の作家について触れてみたいと思います。

となると、やはり日本の近代文学を完成させた夏目漱石を読まなければ始まらない、と言えるでしょう。

漱石が活躍したのは明治時代の終わりから大正時代初期ですが、文章は非常に平易でわかりやすいのが特徴です。

漱石は漢籍の素養はありましたが、あえて当時のしゃべり言葉を基本にしていましたから、いま読んでもまったく違和感がありません。

読みやすく、ストーリーも楽しめます。それでいて、当時の日本人が直面していた近代と近代自我の問題を深く掘り下げています。これも漱石が国民的な作家と言われる所以でしょう。

好きな作品、興味のある作品から読んでもいいのですが、段階を追って読むことで見えてくるものもあります。

ステップ1
［最初の1冊］

遅咲きのデビュー作『吾輩は猫である』から

漱石の読み方は、彼が小説家として作品を発表した順番通りでも問題はないと思います。処女作の**『吾輩は猫である』（新潮文庫ほか）**を漱石が書いたのは明治38年、彼が38歳のときですから、作家としては遅咲きなんですね。

当時一緒に俳句などを作っていた高浜虚子の勧めで、雑誌「ホトトギス」に書いたのが評判になり、連載をつづけてまとめられた小説です。

漱石の前半生というのは、成績は優秀でありながら、いま一つパッとしないものでした。東大の英文科を卒業するんですが、ノイローゼになったりして28歳のときに愛媛県の松山で中学の教師になります。

そのときの体験が、後に**『坊っちゃん』（岩波文庫ほか）**になるわけですが、若い頃は雌伏の期間と言えるでしょう。

29歳で結婚するのですが、結婚生活もなかなかうまくいきません。奥さんのヒステリーに悩んだりしています。そんなすっきりしない身辺を一転させようと、ロンドンに国費留学するのですが、ご存じの通りこれまたノイローゼで戻ってきてしまう。

その後、一高、東大の講師になって何とか食べていけるようになるのが36歳のとき。そして処女作『吾輩は猫である』が2年後に世に出て、ようやく作家デビューするのです。猫を主人公にして、猫の目から人間とその社会の滑稽さを描き出す手法は斬新で、いきなり小説家として高く評価されます。

以後、次の年の明治39年にかけて『倫敦塔』『坊っちゃん』『草枕』と、堰を切ったように傑作を発表します。30代の終わりまで長く雌伏していた漱石の才能が、一気に開花した感があります。

『坊っちゃん』はなじみのあるストーリーで、最初に読む本としても最適でしょう。漱石の文章のテンポの良さが光ります。100年以上たったいまでも、冗長な感じはありません。ようやく巡ってきた人生の春、書くのが楽しくて仕方がない——そんな漱石のはつらつとした鋭気のようなものさえ感じる作品です。

『草枕』は俗世間から離れようと旅に出た青年画家が、人里離れた温泉街で才智溢れる女性に出会うところから始まります。

画家は彼女を描きたいと思いますが、ある日、出征兵士を送る駅で、その女性は落ちぶれた先夫と出会う。そのときの表情に、画家は芸術のインスピレーションを得る——。

桃源郷のような空間での、芸術の香りと人生の哀感漂う、素敵な小説です。

ステップ **2**
［次の1冊］

前期3部作で近代自我の問題に向き合う

漱石は40歳を超えて、いよいよ作家活動に脂が乗ってきます。**『三四郎』『それから』『門』（新潮文庫ほか）**のいわゆる前期3部作と呼ばれる傑作群が生まれます。ステップ2では、これらの作品を読んでほしいと思います。

『三四郎』は熊本から上京した三四郎が直面する、故郷、恋愛、そして学問の問題の話です。それらと向き合うなかで、自我を形成していく過程が描かれます。

近代という時代のなかで、若者がいかに成長し自己形成していくか？　そのモデルが描かれている青春文学です。

『それから』は、財産家の息子で悠々自適に暮らしている主人公の代助と、その親友で、銀行に勤める平岡とその奥さんとの、不倫と三角関係の話です。

ある日、共通の友人である菅沼とその母親がチフスで亡くなります。残された菅沼の妹の三千代の将来を案じた代助は、三千代と平岡に結婚を勧め、一緒にさせます。じつは彼女に恋心を抱いていたのですが、定職についていない自分にはその資格がないと身を引くのです。

ところが部下の使い込みで銀行を辞めた平岡は、そこから放蕩に身をやつし、落ちぶれてしまう。三千代に対する同情心と罪の意識に煩悶《はんもん》しますが、結局、代助はすべてを捨てて三千代と一緒になる決心をします。


代助が定職についていて、自分の心に素直に最初から三千代と結婚していたら問題はなかったのでしょう。問題といえばそれくらいのもので、基本的には誰も悪意の人間はいません。

しかし人生の綾は、ときにこのような、抜き差しならない人間関係と葛藤を生み出してしまうものです。

世間的には、友人の奥さんを奪ったという代助のわがまま勝手な行動は非難されるものでしょう。ですが、事はそんなに単純ではありません。

１００年以上の前の作品ですが、自由な恋愛に対する社会や世間の壁、その構図はいまも変わっていません。投げかける問題は普遍的なものなのです。

『門』は『それから』の続編ともいうべき作品で、友人の妻を奪った主人公が罪の意識にさいなまれながらひっそりと夫婦で生きる話です。救いを得ようとして鎌倉の寺に参拝し、座禅を組んで迷いや苦しみから脱しようとします。しかし、結局悟ることもできずに家に戻ります。

とくに大きなクライマックスもなく、物語は終わってしまいますが、これは漱石の持病である胃潰瘍が悪化したせいだともされています。

明治43年6月、本作を執筆途中で胃潰瘍が悪化して入院、8月には伊豆修善寺に転地療養しますが、そこで大吐血を起こし、生死の間をさまよいます。

このときの死を覚悟した体験は、その後の漱石後期の作品に大きな影響を与えることになります。

ステップ **3**
［仕上げの1冊］

漱石が三角関係を書きつづけた理由とは？

ノイローゼと胃潰瘍という持病に悩まされながら、漱石は近代自我の問題、エゴイズムの問題を直視する作品を書き上げます。それが後期3部作と呼ばれる、**『彼岸過迄』『行人』『こころ』（新潮文庫ほか）**です。

なかでも漱石の最後の大作であり、傑作の頂点といえば、皆さんご存じの『こころ』でしょう。

旧制高校に通う主人公の「私」は、鎌倉の浜でたまたま知り合った「先生」を敬愛し、東京の自宅をお邪魔するなど、つき合いを重ねます。

高校を卒業し、実家に戻った主人公に先生から遺書が届きます。自殺の意図を知り、急いで東京へ向かう主人公。その遺書に書かれていたのは、若き頃、先生とその友人Kの三角関係だった……。

ネタバレになるので、また、ご存じの方も多いので、あらすじはここまでにしておきますが、本作を読んでいなくても、あらすじだけは知っているという人も多いのではないでしょうか。

三角関係は、漱石の作品には繰り返し出てくるモチーフですね。エゴイズムと倫理の問題、近代自我の問題は、結局のところ恋愛に最も鮮明に表れるのでしょう。

それは現代も同じで、ITやAIなどテクノロジーが進んでも、人間の根本的な問題は変わっていない。漱石の作品を読むと、それを如実に感じることができます。

『こころ』を書き終えたのが大正3年、漱石が47歳のときでした。再び悪化する胃潰瘍と闘いながら、その後『**私の個人主義**』『**道草**』という作品を書き上げ、『**明暗**』という小説を書いている途中、胃潰瘍が悪化し、大正5年12月に死去します。『明暗』は未完のまま、その後発表されます。

漱石の作品は、ほぼ漱石が書いた小説の順番で読み進めていくのでよいでしょう。補足して紹介したいのは『**夢十夜**』という作品です。岩波文庫、新潮文庫など各社から出版されています。

過去の話から現在、そして100年後の話まで、幻想的な夢の話が10話語られます。「こんな夢を見た」で始まる書き出しが特徴的です。

漱石というと長編小説のイメージがありますが、短編もかなり書いているんですね。しかも本作のような幻想小説的な内容のものまであります。漱石の意外な一面を知ることができます。読みやすいので、ステップ1で読んでもいいでしょう。

また、漱石の日常の生活と人となりを知ることができて面白いのが、**『漱石書簡集』（岩波文庫）**です。『こころ』を読んだ小学生からの手紙の返事があり、「あれは小学生が読むものではありません。読んではいけません」というような返事をしていて、漱石って誠実ないい人だったんだなと感じた記憶があります。

若き芥川龍之介からから来た手紙への返信も印象的です。君らの手紙があまりにはつらつとしているので、思わず返信する気になったと言い、焦ってはいけない、牛のようにじっくりと生きることが大事だと諭します。

噛んで含めるような言い方に、人生の先輩、作家の先輩としてのやさしさと厳しさがにじみ出ているようです。

才気あふれる芥川に、漱石は生き急ぐ危険な匂いを感じたのでしょうか？　ご存じの通り、芥川は素晴らしい作品を残しながら、その後、漠然とした生への不安から自殺してしまいます。

それにしても、漱石の文学活動はほぼ40歳代のわずか10年間だけだということに驚きますね。長編をたくさん書き、すべて名作なので、随分と長く作家活動をしていたように思いますが、じつはとても短いのです。

約10年に凝縮された漱石の作家活動で、私たち後世の日本人は、素晴らしい文学的な遺産を得たわけです。

夏目漱石の3ステップ

［ステップ 1］

↓

［ステップ 2］

↓

［ステップ 3］

太宰治

明るく、気品に満ちた作品から読み、暗くて重い作品は後で読む

太宰治は、大変文章が平易でわかりやすいのが特徴です。ですので、誰でもいつでも、どの作品からでも入り込めると言えるでしょう。

それでも、時代の変遷にともなって太宰の作風も微妙に変化しています。また多面的な才覚を持つ太宰ですから、短編もあれば長編もあり、深刻なものもあればユーモラスで風刺的な内容のものもあります。

そこら辺を意識して読んでいきませんと、太宰治という人も作品も誤解してしまう可能性があります。

とくに、初期と晩年の作品は厭世的で破滅願望が強いため、それが太宰のすべてだと思ってしまうと、大変にもったいない気がします。

そこで、私なりにバランスよく読み進めるための3ステップを考えてみました。

ステップ1
［最初の1冊］

ヒューマニズムあふれる傑作から始める

最初の1冊に何を読むか。若い人なら定番ではありますが、**『走れメロス』（新潮文庫）**、**『女生徒』（角川文庫）**、大人であれば**『富嶽百景』（岩波文庫）**、**『黄金風景』（『太宰治全集』に収録 ちくま文庫）**あたりがよいと思います。

これらは太宰中期の作品であり、いずれも太宰のヒューマニズムにあふれた、明るく若々しく、気品に満ちた作風が特徴です。

たとえば、『富嶽百景』は、再生を誓う太宰の記念碑的な傑作です。

それまで自殺未遂や薬物中毒など、退廃した生活を送っていた太宰が、師と仰ぐ井伏鱒二が逗留している山梨県の河口湖近くの御坂峠の茶屋を訪ねます。井伏の紹介する女性と見合いし、結婚するためでした。

井伏は見合いの後、峠を降りますが、太宰はそのまま9月から11月の半ばまで茶屋の2階に部屋を借り、小説を書きつつ逗留をつづけます。昭和13年、太宰が29歳のときでした。本作はそのときの様子を描いたものです。

それにしても、それまでの太宰の生活ときたら、もうなんともボロボロの状態です。弘前高校に優秀な成績で合格したまではまだよかったのですが、その後左翼活動に関わり20歳のときに、まずは1回目の自殺未遂を図ります。

その後、東大仏文に合格しますが、授業について行けず、左翼活動も挫折。小説家になることを決意し、尊敬する井伏鱒二に師事します。

ところが、あろうことか高校時代から懇意にしていた青森の芸妓、小山初代を東京に呼び寄せ、同棲生活を始めます。

実家はもちろん結婚に大反対でしたが、太宰の意志は固い。結局、結婚は認め、大学卒業までは学費は送るが、以降は断絶だと兄から宣言されます。

その10日後、太宰は銀座の女給、田部シメ子と鎌倉の海岸で入水自殺を図り、女性だけ亡くなります。

太宰の家の人間にしたら、「またまた、何をやらかしてくれるんだ！」という感じでしょう。自殺ほう助罪で起訴されそうな太宰を、兄が手をまわし何とか回避します。

芸子の小山初代とヨリを戻して生活をつづけ、小説も書きますが、いよいよ大学卒業の見込みも、就職の見込みもないとなり、鎌倉で首を吊って3回目の自殺未遂。その後は薬物中毒となり、強制入院させられます。

その後、ようやく退院したはいいものの、今度は入院中に起きた初代と親類の画学生の不倫が発覚。失意のなかで初代と無理心中を図りますが、これも失敗します。その後二人は別れます。これが昭和12年、太宰28歳のときのことです。

しかし、書き並べるだけで、ため息が出るくらいの壮絶な20代ではないでしょうか。

太宰は、自分は一度死んだ人間だと考えました。そしてこの間のことをまとめたのが、遺書として書いた『**思ひ出**』、「生まれてすみません」と書いたことで知られる『**二十世紀旗手**』などです。

ただしこれらは、罪の意識と生きる苦悩の強い、深刻で重苦しい作品です。このテイストは後期の作品群につながっていくのですが、ここら辺の作品はあえて次のステップとしましょう。

ずいぶんと話が逸れてしまいましたが、『**富嶽百景**』の話をします。

錯誤と苦悩に満ちた20代の自分と区切りをつけるため、太宰は御坂峠に滞在し、自分を見つめ直しながら、結婚と再生への気持ちを固めます。

最初は絵に描いたような富士山の景色が気に入らなかったのですが、宿屋の女将さんと娘さん、来客や訪問者、そして見合いの相手など、さまざまな人々との交流を続けるなかで、刻々変わる富士の姿がときに美しく、頼もしく見えてきます。

麓《ふもと》に降りるときのバスのなかで、乗客が富士山の姿に見惚れているとき、一人反対側の崖に咲いている月見草に魅かれる老婆。小説が進んでいないとハッパを掛ける、けなげな宿屋の娘。結婚を決めて麓から峠に戻る際、思わずトンチンカンな質問をする婚約者の女性……。

『富嶽百景』では登場人物すべてが生き生きと描かれ、読者はまるで本当に自分がその人に会ったかのような錯覚に陥ります。そして誰もが可憐で素朴で、美しい。

『**女生徒**』は、思春期の女生徒のみずみずしい感性と揺れ動く気持ち、成長への期待と不安を、少女の1日の独白の形で見事に描き出します。

『**黄金風景**』は、かつて自分がさんざんイジメていた女中が、結婚して夫と子どもとともに自分に会いにくる話です。イジメていた記憶があるだけに乗り気ではなかったのですが、結末のシーンは、まさに「やられた！」という感じです。

同じような「やられた！」感の強い作品が『**眉山**』『**佳日**』（『**太宰治全集**』に**収録　ちくま文庫**）あたりでしょうか。いずれも短編ですが、心に響きます。そしてジワジワと心が温まります。

このあたりの作品には、暗く重苦しい太宰の姿はありません。厭世的な一面が嘘のような、人間賛歌と光に満ちています。

まずは太宰のそんな一面から入っていただければ、そのほかの作品も、より深く読み込むことができると思います。

ステップ **2**
［次の1冊］

一転して、暗くて重い太宰作品へ

『晩年』（新潮文庫）は太宰の最初の作品集で、**『葉』『ロマネスク』『思ひ出』『魚服記』『道化の華』**など、初期の作品15編が納められています。

最初の作品集のタイトルが「晩年」とは、いかにも太宰らしいですね。すでに触れたように、太宰の20代はつねに死を意識しながらの生活でした。

本人も『「晩年」に就いて』で言っているように、すべて遺書のつもりで書かれたものです。だから「晩年」なのです。

「老人ではなかった。二十五歳を越しただけであった。けれどもやはり老人であった。ふつうの人の一年一年を、この老人はたっぷり二倍三倍にして暮らしたのである。二度、自殺をし損なった。そのうちの一度は情死であった。三度、留置場にぶちこまれた。思想の罪人としてであった」(『逆行』)

「僕はなぜ小説を書くのだろう。困ったことを言いだしたものだ。仕方がない。思わせぶりみたいでいやではあるが、仮に一言こたえて置こう。「復讐」」(『道化の華』)

「死のうと思っていた。ことしの正月、よそから着物を一反もらった。お年玉としてである。着物の布地は麻であった。鼠色のこまかい縞目が織りこめられていた。これは夏に着る着物であろう。夏まで生きていようと思った」(『葉』)

ほとんどの作品が私小説であり、とくに『道化の華』は心中事件前後の話を描き出しています。30代初めの中期作品に比べると、やはり暗くて重いと言えます。

ですが、ステップ1で太宰の本質的な明るさを知っている読者なら、暗さのなかにも彼独特のユーモアや温かさを感じることができるでしょう。

『思ひ出』は太宰が自分の幼・少年時代を描いた作品で、太宰の繊細な感性と強い自意識が当時からのものであることがわかります。

ステップ 3
[仕上げの1冊]

晩年の傑作長編で人間・太宰に迫る

そして、最終的にはやはり**『斜陽』『人間失格』（文春文庫ほか）**の2作になるでしょう。いずれの作品も、いきなり読んで読めないことはありません。

ですが、段階を踏んで太宰の作風や人間性、そして独特の行間からにじみ出る空気感に慣れた上で読むと、面白さも理解度もまったく違うと思います。

『斜陽』は戦後の没落貴族を描いた作品です。そこには太宰の実家の姿が投影されていることは明らかです。

終戦後、家を売り伊豆の山荘に母と移り住んだ主人公のかず子ですが、戦地から戻った弟は酒浸りで放蕩の毎日。母は病気を悪化させ、ほどなくして亡くなります。

将来の不安におびえたかず子は、以前の恋人でありすでに結婚している上原を頼り、自宅に押し寄せ不倫の関係に陥ります。

かず子は上原の子どもを宿しますが、一人で育てることを決意します。元貴族の女性が不倫の末、子どもを自分で育てる。当時としたらけっこうな冒険でしょう。彼女は「道徳革命」と自ら称します。

没落する家族を描きながら、最後は絶望だけでなく革命という希望の光を匂わせる。古いものが没落するということは、同時に新しい世界の始まりでもある。かず子の生き方そのものが、まさにその革命なのです。

『人間失格』は太宰その人と思われる、大庭葉蔵の手記で構成されています。過剰な自意識と他人への恐怖から、「道化」を演じて周囲をごまかす。幼少期からこれまでの自分の姿を自虐的に暴露します。

学生時代は、酒やたばこ、女を覚え、退廃と頽落のなかに安堵を覚えます。その後も破滅的な人生を送り、やがて薬物中毒で脳病院に強制入院させられてしまいます。ほぼ太宰の前半生そのものが描かれています。

30歳で結婚し、再生を果たしてしばらくは中期の傑作を書いていた太宰でしたが、戦後、社会が一気に変化する中、再び破滅的な生活が始まります。美容師の山崎富栄と知り合い、関係を持ち、富栄は秘書のように太宰を支えます。

20代の頃の太宰を取り巻いていた退廃的な空気、破滅願望が再び首をもたげてきたのでしょうか。

『人間失格』は当初雑誌の連載でしたが、最終回が掲載される直前の昭和23年6月13日、奇しくも太宰の誕生日その日に、玉川上水に富栄と共に入水自殺を遂げます。

享年38歳。なんとも短い生涯ですが、その濃さといったら普通の人の100年分以上だったかもしれません。他人を恐れつづけると同時に、ひたすら愛されたいと切望する人生でもありました。

その結果が、『人間失格』で語られる「道化」を演じることであり、よりよく生きようとしながらも、もがき、足を踏み外してしまうことの繰り返し……。でも、そもそも人間は、しょせんそれだけの生き物なのかもしれません。

『晩年』が太宰の最初の遺書だとしたら、『人間失格』は2回目、本当の遺書だったのでしょう。

彼の文学は、長い遺書だったと考えることもできます。

「生まれてすみません」という言葉は、ポーズや気取りではなく本心からのもの。そう思うと身につまされます。

若い頃読んだという人も、改めて『斜陽』『人間失格』を読み返してみてください。いずれもある程度の年齢になって、その良さが身に染みる作品だと思います。

太宰治の
3ステップ

［ステップ1］

↓

［ステップ2］

↓

［ステップ3］

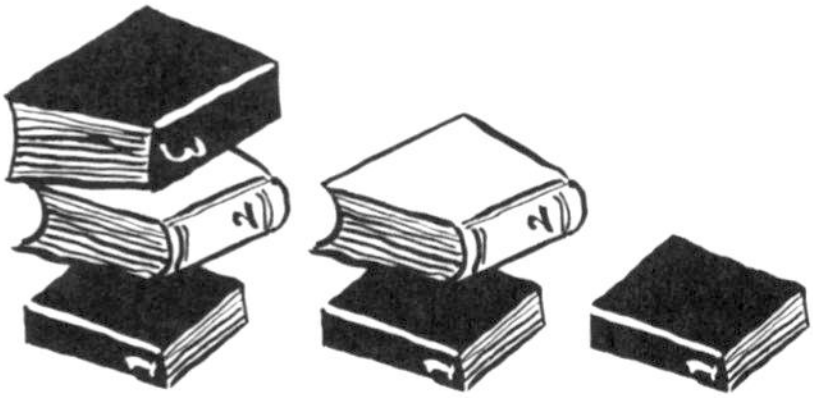

3 step　　2 step　　1 step

第5章

読む順番と同じくらい大切なこと

本を読む順番について、その方法や効果を紹介してきました。

まずは初心者向けの本で基礎知識をつけてから、順を追ってステップアップしていくことで、内容が難しいとか、時代背景がわからないといった理由で途中で読むのをあきらめてきた本が、最後までしっかり読めた上に、深く理解することができるようになるはずです。

その結果、知識や教養が定着するようになり、皆さんの読書はより実のあるものになるでしょう。

最後の5章では、正しい順番で読む際にさらにひと工夫すると、より読解力や理解力が上がるコツをいくつか紹介します。

読む順番と同じくらい大切なことなので、ぜひそのスキルを身につけてください。

アウトプットすることを前提に読む

まずは、本を読む際に「アウトプット」を意識してほしいということです。

私は、中学生くらいのときから、自分が見聞きしたものをすべて友人に話すことを習慣化していました。お互いに話し合うのです。

受験勉強もそのようにして身につけたように思います。自分が勉強したことを友達に説明する。きちんと理解していなければ、他人に説明することはできませんから、勉強にも熱が入った覚えがあります。

映画を見たらその映画がどんな内容で、どこに感動したかを相手に話す。本も同じように、自分が読んだ本の内容を誰かに説明する。その本によって自分が何を知り、何を得たかを話すのです。

相手に話すこと――つまりアウトプットを前提にすると、勉強も映画の内容も、本の内容も不思議なくらい頭に定着します。

私などは、読み終わらないうちから「いまこんな本を読んでいてね、まだ途中なのだけど、こんなことが書かれていて面白いよ」という感じで周りの人に話しています。読んだ後で相手に説明しないといけないとなると、読む段階から自然に頭がそういうモードに切り替わります。

この本のポイントは？　結論は？　こういうことをつねに意識しながら読むようになります。だから自然に記憶に残るのです。

逆に言えば、本を読んでもすぐに忘れてしまうのは、アウトプットを前提にしていないからと言えるでしょう。

私は大学の授業でも、アウトプットを前提とした読書を推奨しています。読んで終わりではなく、その内容を相手に伝えるように指導しています。

学生たちは４人１組になり、それぞれ１週間で読んできた5冊を紹介し合います。講堂全体で１００人くらいの学生たちが自分の手元に5冊の新書を積み上げ、一斉に行うのです。

あなたがビジネスパーソンなら、同僚や友人、パートナーや子どもに、読んだ本の要旨を話してみるといいでしょう。会話のきっかけにもなるので一石二鳥ではないでしょうか。あるいは、ブログやフェイスブックなどで定期的に自分の読んだ本の要約や感想をまとめてアップするというのもお勧めです。

私たちはアウトプットすることで、より理解が進むのです。読むだけでなく発信することで理解を深めましょう。

要約力と引用力の二つが大切

相手に本のポイントを伝える際に必要となるのが、「要約力」です。

私はこの要約力こそが本を理解し、自分のものにするために必要な力だと考えています。

では、数百ページある本の内容を、手短に上手に要約するにはどうすればいいのか？

慣れてくると、まず本の目次を見て、次に全体をざっと見れば、だいたいどこら辺が重要かがわかるようになります。

重要だと思われる章だけを読む、あるいは各章の重要な部分にあたりをつけ、そこを重点的に読みます。

たとえば新書の場合、1冊のなかで本当に著者が主張したい部分は、全体で200ページほどあるうちの40ページか50ページ分くらいでしょう。

その部分を重点的に読み込むことで、その本の骨子と要点をおさえることができるようになります。

一方で、「引用力」も本を読む力をつける上で欠かせないものです。

これが必要になるのは、主に文学作品です。文学は一種の芸術作品ですから、必ずしも要約することが、その価値を理解したということにはつながりません。

たとえば、論語を読むとしましょう。これを要約したからと言って、本当に孔子の言っている意味が実感としてわかるかというと、ちょっと違いますよね。

文学作品は単に情報、知識としてインプットするのではなく、わが身に引きつけて考える作業が必要です。

「過ぎたるはなお及ばざるがごとし」

という孔子の言葉を聞いて、自分だったらやりすぎて失敗したことがあったなぁと思い出す。そして、「確かにそうだ、孔子の言う通りだなぁ」と納得する。「腑に落ちる」という言葉がありますが、そういうことが文学作品を理解することなのです。

孔子の言葉を咀嚼して、自分自身を通すことで、孔子の言葉であると同時に、実感を伴った自分の言葉になる。

これを私は「引用力」と呼んでいます。自分の体験に引きつけ、会話のなかで本の一文を「引用」する。すると、会話にも説得力が出るということです。


たとえばゲーテは、「若いうちに一生使いつづけることができる資本を作ることが大事だ」と、青年エッカーマンに語っています。

そんな言葉を引用しながら、「お前の場合は、それが英語なんだよ」と子どもに言って聞かせると、言葉に説得力が出てきます。

「○○君の場合は、それが人脈なんだよ」と部下に言って聞かせれば、部下の人も納得しやすいのではないでしょうか。なにせ、上司のあなただけの意見ではなくて、文豪が言っていることですから。

引用力が重要になる読書のことを、私は「人格型の読書」と呼んでいます。ゲーテなり、ニーチェなり、ドストエフスキーなり、偉大な人類の知性と人格をそのまま取り込む感じですね。

彼らの作品や言葉に感動し、感化され、その言葉を引用する。文学作品、あるいは哲学書や聖書などの宗教関係の本などは、要約力ではなく引用力を重視することがポイントです。

情報や知識を得るための「要約型の読書」とは違い、人格型読書はゆっくりじっくり時間をかけ、咀嚼しながら読み進める。

そして好きな言葉は何度も繰り返し読み、覚えてしまう。本によって、このように向き合い方を変えることが大事なのです。

声に出しながら読むと覚えやすい

大人が本を読む場合、ほぼ黙読でしょう。音読は小学校の頃、国語の時間に教科書を読んだことがあるくらいではないでしょうか。

本の知識を自分のものにするには、音読がとても効果的です。私も授業などで学生たちに音読させることがあります。音読には、黙読では得られない効果があるのです。

昔、寺子屋などでは音読が当たり前でした。何度も何度も繰り返し声に出して読む。私もかつて『声に出して読みたい日本語』という本を書きました。失われていた声に出して読む文化を、もう一度取り戻すべきだと考えました。

声に出すということは口を開き、声帯を震わせて発声するという、一連の運動なわけですね。当然、脳のしかるべき部分が活性化されるので、記憶に残りやすい。

「読書百遍、意自ずから通ず」という、昔からの言葉は、寺子屋の音読文化でしょう。声に出して100回も読めば、最初はよくわからない内容も自然に理解できるということです。

声に出して読むことで、しっかりと自分のものになる。文学作品などは、とくに気に入った箇所を何回も読むことで記憶に定着させる。すると、その言葉は自分のものになります。

文学作品ではない解説的な本、教科書のようなテキストでも、重要なところ、覚えたいところは声に出して読むと、記憶に定着させることが容易になります。

とはいえ、本を丸ごとすべて覚えるのは難しいでしょう。そこで私がよく若い人たちに勧めるのが、3つの文章をセレクトして、そこだけは暗記してそらんじられるようにしましょう、ということです。

その本で印象に残った文章、ポイントになる文章、好きな文章を3つだけ選ぶのですね。それをとにかく声に出して読んで、頭に入れ込んでしまうのです。

自分で選択した文章は覚えが早いです。そして、どうして自分がそれを選んだかを人に言いたくなります。

すると、もうそれだけで立派な読書感想文ができ上がってしまう。そうなると、その本を読み込んだということになります。そしてしっかりと記憶に定着するのです。

私は小学生のときに毎週1冊、読書感想文を書かされました。私だけじゃなくてほかの子たちも皆やっていたのですが、そのときに感想文を書いた本は、何十年たったいまでも覚えているんですね。

ジュール・ヴェルヌの『月世界旅行』や、H・G・ウェルズの『宇宙戦争』、ナポレオンの伝記を読んで感想文を書いたなと覚えている。しっかりと記憶に残るんですね。そういう意味で大変よい教育だったと思います。

読書感想文というと子どもっぽく聞こえますが、たとえばブログで書評として発表してもいいでしょう。実際にそうやっている方もたくさんいらっしゃいます。

私もそんなブログを見るときがありますが、大変すばらしい内容のものもあります。そんな解釈もあるのかと気づかされることもあります。もう一度読み直してみようか、という気にさせてくれます。

1年間で100冊読めますか？

これまで述べてきたような読書のポイントをつかめば、本の内容がしっかりと血肉のように自分のものとなるはずです。実際、私は授業やセミナーなどでこのようなことを実践するようにしています。

私は「なんでもいい、とにかく新書を100冊読みましょう」と学生たちに提案しています。1年で100冊は多い、と感じるかもしれません。ですが、1年間は52週あります。週平均2冊を読むとすると、1年間で100冊を超えます。

それでも読書に慣れていない人にとって、1週間に2冊は大変でしょう。しかし、何事も慣れと訓練次第です。やがて本を読むスピードも上がってくるでしょう。

学生たちには、最初は週1冊から始めてもらいます。そのうちに2冊、3冊と次第に増やしていき、最終的には週5冊まで増やします。

すると、最初は1冊でも大変そうだったのが、半年過ぎたあたりからは、余裕で3冊読み、最終的には5冊でもなんとかクリアできるようになります。

読書量を増やして、知識と教養の土台を身につけると同時に、要点を拾いながら、できるだけ短い時間でたくさん読めるように訓練するのです。

小説のようにじっくりと時間をかけて読む必要はありません。目次や全体の構成をまず頭に入れて、大事なところを重点的に読むように指導します。たくさん読むうちに、そのコツがだんだんとつかめてきます。

要点を的確に拾い出すことができるようになると、読書力は格段に上がってきます。すると、じっくりと時間をかけて精読するときにも、要約力がついているので、理解する力が格段にアップしているのです。

漱石のように本に直接書き込む

私は本を読む際に、必ず3色ボールペンを片手に持ちます。すでにいろんなところでお話ししているので、ご存じの方もいると思います。

すごく重要と思われる文章は赤色、まあ重要だと思われる文章は青色でアンダーラインを引きます。それに対して自分が「面白い」と感じたものや、思いついたことを書き込むときには緑色を使います。

赤と青は言ってみれば客観的な視点であり、緑は主観的な視点です。こうしてアンダーラインを引いたり、囲ったり、書き込みをしていきますと、あとから読んだときに要点がすぐにわかります。

なかでも重要と思えるページには付箋を貼っておきます。付箋がたくさん立っていますと、「読み込んだぞ」という満足感が生まれてきます。そういう「雰囲気」が意外に大事なのです。

最初の頃、私は読書ノートのようなものをつけていました。先ほどのアンダーラインを引いた部分を書き出し、思いついたことなどを書きしたためていました。

ただ、これだとどうしても時間がかかってしまいます。そこでいっそのこと本をノート代わりにしようと思いつきました。

ですから私の本は本であって、同時にノートなんですね。余白にもたくさん書き込みをしています。


そうやって読んでいきますと、もはや本が自分の分身のように思えてきます。この本は世の中に二つとない私だけのオリジナルのもの。

じつはこの方法は昔から行われてきたもので、夏目漱石なども本に書き込みをしていて、その効用をいろんな人に説いていたようです。

ですから、私には図書館から本を借りて読むという習慣はありません。アンダーラインも書き込みもできない本では、本来の私の読み方ができないからです。

本を1冊の人格として扱う

いまはインターネット全盛で、著作権が切れた昔の文学作品などがそのまま閲覧できるサイトもあります。

また電子書籍などはタブレットやスマホなどで手軽に読むことも可能です。重い本を何冊も持ち歩かずとも、端末一つでいろんな作品が電車のなかで読めてしまうのです。

確かに便利ですし、場合によっては大いに活用することで読書を進めるのもよいでしょう。ただし、私の場合は先ほども言ったように、本がすなわちノート代わりなのですね。

ですから現物としての本がないと、私の読書のスタイルは成り立ちません。

ネットや電子書籍で閲覧する本は、たしかに同じ情報ではあっても単なるテキストのように感じてしまいます。

本という実態がありませんから、なにやらフワフワしたクラウドの雲の中に消えてしまう感じがします。自分の記憶さえもモヤモヤと消えてしまうような……。

仮に電子書籍で購入しても、やはり同じものを現物で購入しないと落ち着きません。そして手元に置いておきたい。重さやインクの匂い、装丁の感じや手触り……五感のすべてを通じて本の存在を感じるのです。

そしてパラパラとめくったときに、アンダーラインや書き込みがしてあり、付箋が付いていると、自分のそういった作業も一つの経験としてよみがえらせることができます。

現物の本には、そういったたくさんの情報が盛り込まれているのですね。それは単なるモノや情報ではなく、一個の有機的な存在であり、一種の人格を持つものだと言うことができます。

私は『なぜ本を踏んではいけないのか——人格読書法のすすめ』(草思社)という本を書きましたが、とくに小説や哲学、著名な論文や研究者の本などは、その著者の分身であり、人格そのものだと考えます。

ゲーテの本は、私は絶対に踏みつけることはできません。

しかし、スマホやタブレットは踏んでしまうこともあるでしょう。それらは人格ではなく、まさに端末に過ぎないからです。

本を人格として敬い、一種の「畏れ」があるからこそ、私たちはそこからたくさんのものを学び、吸収することができます。しかし端末に過ぎないものに対して、私たちは畏怖の念を抱くこともありません。

それらは単なるテキストであり情報であって、本のように尊重されることはないでしょう。

どんな時代になろうとも本の存在価値は失われません。むしろあらゆるものがデータ化されるいまの時代だからこそ、意味を持つものだと言えるのです。

本の内容を我が物とするためには、端末だけでは不十分です。現物の本を手元に置くことが、ぜひとも必要なのです。

3rdBOOK
2ndBOOK
1stBOOK

【著者略歴】

齋藤孝（さいとう・たかし）

1960年静岡県生まれ。東京大学法学部卒業後、同大大学院教育学研究科博士課程等を経て、明治大学文学部教授。専門は教育学、身体論、コミュニケーション論。ベストセラー著者、文化人として多くのメディアに登場。著書に『声に出して読みたい日本語』（草思社）、『読書力』（岩波書店）、『雑談力が上がる話し方』（ダイヤモンド社）、『質問力』（筑摩書房）、『語彙力こそが教養である』（KADOKAWA）、『読書する人だけがたどり着ける場所』（SBクリエイティブ）ほか多数。著書発行部数は1000万部を超える。

本《ほん》には読《よ》む順番《じゅんばん》がある

2020年12月1日初版発行

発行　株式会社クロスメディア・パブリッシング

発行者　小早川幸一郎

〒151-0051　東京都渋谷区千駄ヶ谷4-20-3 東栄神宮外苑ビル

https://www.cm-publishing.co.jp

■本の内容に関するお問い合わせ先 …………… TEL (03)5413-3140 ／ FAX (03)5413-3141

発売　株式会社インプレス

〒101-0051　東京都千代田区神田神保町一丁目105番地

■乱丁本・落丁本などのお問い合わせ先 …………… TEL (03)6837-5016 ／ FAX (03)6837-5023

service@impress.co.jp

（受付時間　10:00〜12:00、13:00〜17:00　土日・祝日を除く）

※古書店で購入されたものについてはお取り替えできません

■書店／販売店のご注文窓口

株式会社インプレス　受注センター …………… TEL (048)449-8040 ／ FAX (048)449-8041

株式会社インプレス　出版営業部 …………… TEL (03)6837-4635

カバー・本文デザイン　金澤浩二

カバー・本文イラスト　勝山八千代

DTP　荒好見

印刷　株式会社文昇堂／中央精版印刷株式会社

本文構成　本間大樹

カバー撮影　富本真之

製本　誠製本株式会社

ISBN 978-4-295-40479-8　C2034